JUDITH WATSCHINGER

BUNT & KREATIV

# DAS BASTEL BUCH

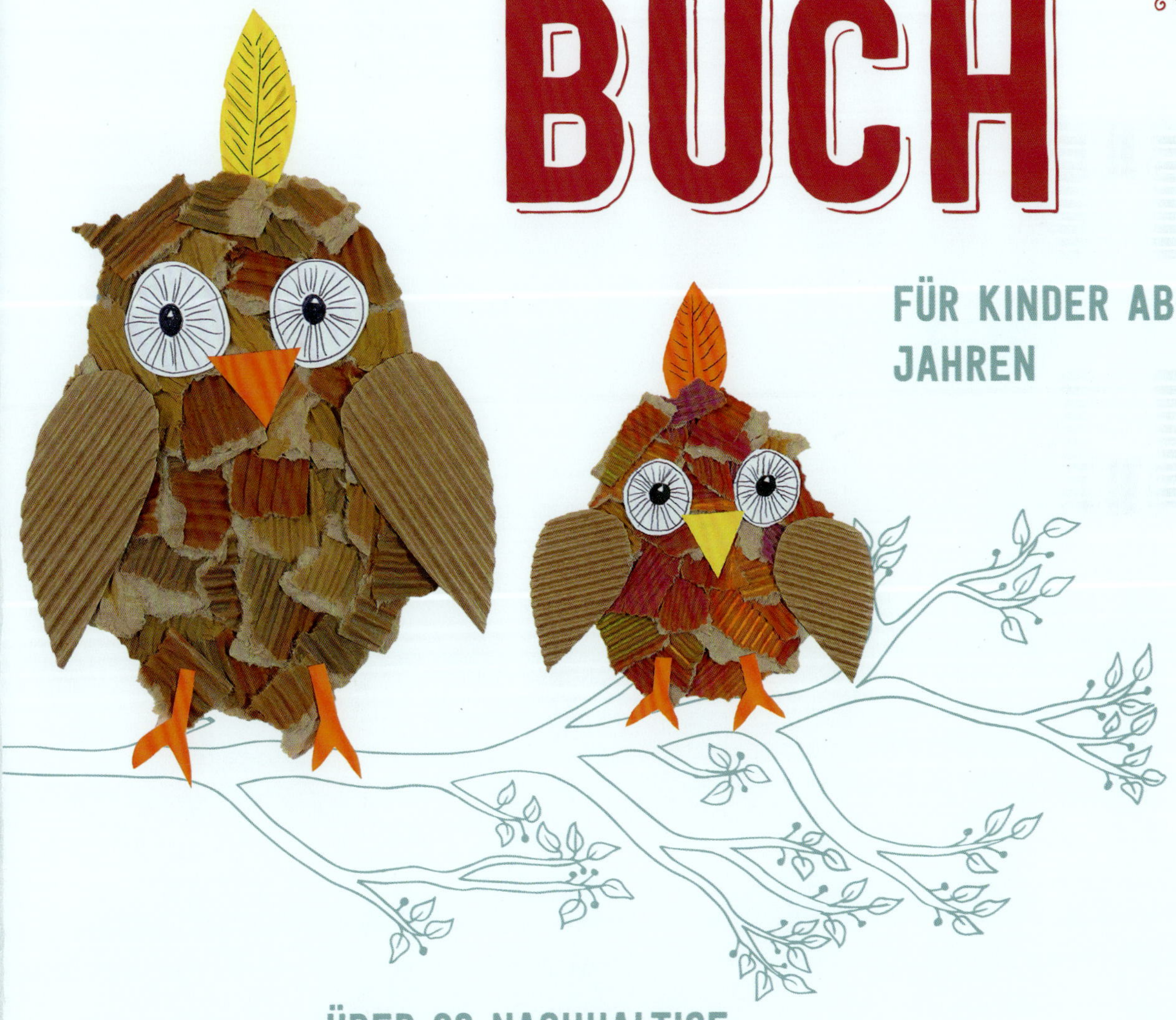

FÜR KINDER AB 4 JAHREN

ÜBER 90 NACHHALTIGE IDEEN MIT MATERIALIEN, DIE JEDER ZUHAUSE HAT

CV

# INHALT



## PAPPIGES



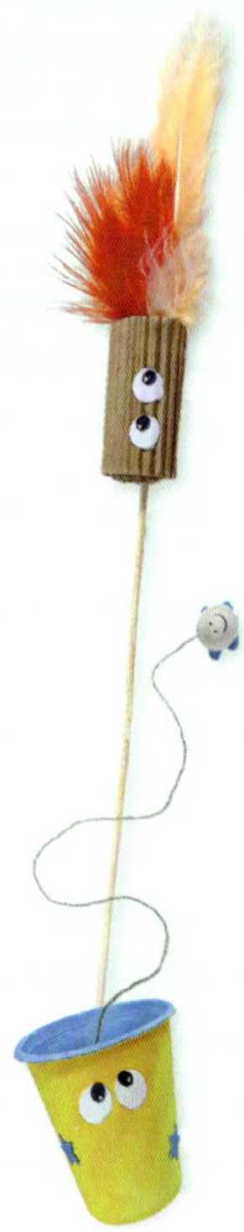

# PAPIERIGES

# DIES & DAS

# VORWORT

Oft habe ich das Gefühl: Basteln ist wie Zaubern können! Aus stinklangweiligen Materialien, wie z. B. Klopapierrollen, Korken, Deckeln ..., kann man – mit etwas Farbe oder buntem Papier, Geschick, Fantasie und Kreativität – im Handumdrehen originelle Einzelstücke basteln! Genau das wollte ich euch mit diesem Buch zeigen: Es braucht nicht viel, um Einzigartiges zu schaffen! Für die Bastelideen in diesem Buch habe ich zum Teil „Abfall" (z. B. Klopapierrollen, Chipsrollen, Deckel, Eierkartons ...), oder „Alltagsgegenstände" (z. B. Kaffeefilter, Garn und Wolle, Zeitschriften ...) sowie buntes Papier und/oder Wasserfarben verwendet! Insgesamt gibt es 24 Grundmaterialien mit je vier unterschiedlichen kunterbunten Bastelideen. Ihr findet im Buch zahlreiche Ideen für bestimmte Feste (z. B. Weihnachten), Ideen speziell für die vier Jahreszeiten, Ideen für selbstgebastelte Geschenke und originelle Glückwünsche, Ideen für stylische Dekorationen und und und :-) Ich empfehle euch, die Schnellübersicht auf S. 5 anzuschauen, um einen Überblick zu erhalten!

Das Bastelbuch, das ihr gerade in euren Händen haltet, hat zwei Funktionen: Zum einen könnt ihr die von mir gebastelten Sachen gleich nachbasteln! Pro Doppelseite erkläre ich euch die Bastelschritte anschaulich anhand von Fotos. Die genauen Materialangaben beziehen sich auf die Idee, die in den Fotos abgebildet ist! Zum anderen soll es inspirieren und euch zeigen, wie viele unterschiedliche Möglichkeiten es gibt, zum Selber-Kreativ-Werden! Für jede Bastelidee gibt es verschiedene Varianten und Ausführungen, die inspirieren & zum Selber-kreativ-Werden anregen sollen! Zudem habe ich euch für jede Bastelidee hilfreiche Tipps und Anregungen („Basteltipps und Varianten") zusammengestellt sowie Ideen, was ihr mit den gebastelten Sachen machen könnt („Ideen für dich"). Schablonen und exakte Maßangaben gibt es in diesem Buch leider keine, weil das deiner Kreativität und deinem Geschick Grenzen setzen würde! Viel schöner ist es doch, wenn alle etwas Eigenes realisieren – oder etwa nicht?

Ich wünsche euch mit diesem Buch ganz viel Spaß, lasst euch inspirieren und lasst den Bastelzauber in euch wirken!

Judith Watschinger

### HIER NOCH ZWEI WICHTIGE SYMBOLE, DIE IHR IM BUCH IMMER WIEDER FINDET:

Ganz hinten im Buch gibt es eine Sammlung an verschiedensten pädagogischen Anregungen (Methoden, Einsatzmöglichkeiten ...), die für pädagogisches Personal (z. B. von Kindergärten und Grundschulen), aber auch interessierte Eltern hilfreich sein können!

Bei diesen Bastelideen wird unbedingt die Hilfe von Erwachsenen gebraucht, da z. B. mit Heißklebepistole oder einem Furniermesser gearbeitet wird!

# SCHNELLÜBERSICHT

# BASTELTIPPS

## MOTIVSTANZER

Egal ob rund, herz-, stern- oder blumenförmig: Motivstanzer für Papier eignen sich hervorragend fürs Basteln! Wenn du keine Motivstanzer hast, kannst du das Papier auch mehrfach nehmen und die Formen daraus ausschneiden! So bist du schneller und erhältst exakt die gleichen Formen!

## GOODBYE „PLASTIKKULLERAUGEN“

Deine Bastelprojekte brauchen nicht unbedingt Plastikkulleraugen, um toll auszusehen! Hier einige „Augen-Ideen“ :

- **Papieraugen:** Fertige mit einem runden Stanzer Papierkreise an oder schneide sie aus. Male die Pupillen und klebe sie auf!
- **Noch ein Tipp:** Zeichne als Pupille eine runde Form. In diesen Kreis zeichnest du oben ein kleines Dreieck! Male nun den gesamten Kreis schwarz an und lasse das Dreieck weiß! Du wirst sehen, wie die Augen strahlen!

- **3D-Glubscher:** Schneide einen Weinkorken mit einem Furniermesser in beliebig dicke Scheiben und klebe dann Papieraugen (ca. in der gleichen Größe) auf.
- **Augen mit flüssiger Farbe aufstempeln:** Tauche den Pinselstiel in weiße Acrylfarbe oder Deckweiß und stemple damit Augen. Lass die Farbe trocknen. Verwende anschließend einen Schaschlikspieß, tauche diesen in schwarze Acrylfarbe und stemple die Pupillen!

## KUNTERBUNTE PAPIERSCHNIPSEL

Wirf bunte Papierreste nicht weg, sondern zerschnipple sie in kleine Formen (Vierecke, Dreiecke …) und bewahre sie in einer Dose auf! Mit ihnen kannst du gebastelte Sachen schnell „aufpeppen“. Wenn du kleinere Papierschnipsel auf etwas Größere klebst, wirkt es besonders bunt! Du kannst die Papierreste auch zusammenknüllen und die so erhaltenen Papierbällchen aufkleben!

## FARBLICHE AKZENTE

Wenn du kein Motivpapier zu Hause hast, kannst du Zeitschriften, Kataloge, alte Bücher durchblättern und schöne Muster, tolle Verzierungen usw. herausschneiden und beim Basteln verwenden!

## „PAPIER“

Für die meisten Bastelbeispiele findest du bei den benötigten Materialien „Papier“ und in Klammer die für diese Bastelidee benötigten Farben aufgelistet. In den meisten Fällen reicht normal starkes Papier völlig aus. Wenn dir das normale Papier bei einigen Bastelideen zu unstabil ist, kannst du es doppelt nehmen, es auf Pappe kleben oder gleich bunten Karton verwenden.

## AQUARELLTECHNIK

Immer wieder werden im Buch Wasserfarben fürs Basteln verwendet! Wenn du beim Malen etwas mehr Farbe nimmst, verlaufen die Farben ineinander und du erhältst wunderschöne Farbakzente! Male z. B. Buchseiten mit dieser Technik an, das ergibt ein ganz originelles Motivpapier!

## FARBEN MISCHEN

Nicht immer gibt der Wasserfarbkasten die Farben her, die du gerade haben möchtest! Kein Problem! Du kannst dir einfach die gewünschte Farbe mischen ...

Wenn eine Farbe heller werden soll, mische Deckweiß dazu! Soll eine Farbe ein bisschen dunkler werden, mische etwas Schwarz darunter! Experimentiere und mische deine ganz individuellen Lieblingsfarben!

## ROTE BACKEN

Figuren schauen gleich viel sympathischer aus, wenn sie eine gesunde Farbe im Gesicht haben! Spitze einen roten Buntstift etwas an und verreibe das so erhaltene Farbpulver vorsichtig in kleinen Kreisen an den Backen!

## SEI KREATIV

Im Buch findest du verschiedenste Bastelbeschreibungen, Varianten, Basteltipps, zusätzliche Ideen und vieles mehr! Beim Basteln ist es aber wichtig, dass du mutig und kreativ bist und deine eigenen Ideen realisierst!

# BASTELKRAM

Wenn du mit diesem Buch bastelst, ist SAMMELN, SAMMELN, SAMMELN das Allerwichtigste! Hier findest du eine Übersicht von Bastelmaterialien und Hilfsmaterialien, die bei deinen Bastelsachen nicht fehlen sollten!

## MIT DIESEN GRUNDMATERIALIEN WIRD GEBASTELT:

### PAPPIGES

### PAPIERIGES

# DIES & DAS

### TIPP 1

Naturmaterialien, wie beispielsweise Ästchen, Kies, größere Steine, Sand, gepresste Blätter, Eicheln, Rindenstückchen … kannst du natürlich auch in deinen Bastelkisten sammeln oder – wenn du sie brauchst – einfach in der Natur holen!

## DIESE ZUSÄTZLICHEN MATERIALIEN BRAUCHST DU BEIM BASTELN IMMER WIEDER:

### TIPP 2

Natürlich kannst du in deinen Bastelkisten auch andere Materialien und Hilfsmaterialien unterbringen! Sammle dort alles, das dich inspiriert, kreativ zu werden!

### TIPP 3

Am besten verstaust du die Bastelmaterialien in großen Kartonschachteln, wie man sie oft in Lebensmittelgeschäften geschenkt bekommt! Beschrifte die Bastelkisten außen, damit du genau weißt, was drinnen ist. Du kannst dich dabei an den Unterteilungen „Pappiges", „Papieriges", „Dies und das", „Zusätzliches" und „Hilfsmaterialien" orientieren. Wenn ihr zu Hause ein leerstehendes Regal oder eine leere Ecke im Keller habt, könntest du dort hervorragend deine Bastelkiste (bzw. deine Bastelkisten :-)) unterbringen.

# PAPPIGES

Egal ob runde oder rechteckige Pappteller, Pappbecher, Papprollen, Chipsrollen, Bierdeckel, Eierkartons usw. – diese „pappigen" Materialien begegnen uns im Alltag immer wieder. Sie eignen sich suuuuuuper zum Basteln! Los geht's mit dem Sammeln und Kreativsein!

S. 46

S. 14

S. 87

S. 18

S. 26

S. 84

S. 46

S. 30

S. 22

# DEKOSTREIFEN

Die folgende Idee ist total einfach, aber gleichzeitig genial: Ein Dekostreifen, der übers ganze Jahr hängen bleibt und nach Lust und Laune und Jahreszeit geschmückt werden kann! Neugierig? Dann lies weiter ...

## BASTELBEISPIEL: DEKOSTREIFEN MIT BLUMEN

1. Nimm das bunte Papier und fertige damit lauter kleine Blumen an. Schneide aus dem grünen Papier Blätter aus und zeichne mit dem schwarzen Stift die Blattmusterung ein.

2. Drehe die Papierblumen um. Befestige auf jeder Figur einen Zahnstocher mit etwas Klebestreifen. Drehe die Blätter ebenfalls um, bestreiche den Blattanfang mit etwas Kleber und rolle das Blatt um den Zahnstocher.

3. Zeichne auf der Wellpappe mit dem Lineal und dem Bleistift einen Streifen auf und schneide diesen aus. Klebe den Wellpappe-Streifen an einem beliebigen Ort mit Klebestreifen-Röllchen fest. Nimm eine Zahnstocher-Figur und schiebe den Zahnstocher vorsichtig in ein Wellpappen-Loch, bis dieser stabil steht.

## DAS BRAUCHEN WIR

Wellpappe, Papier (grün, gelb, rot, violett ...), Zahnstocher

## HILFSMATERIAL

Bleistift, Lineal, Schere, Kleber, Klebestreifen, schwarzer Filzstift

## IDEEN FÜR DICH

**Kopfschmuck:** Wellpappe-Streifen machen sich nicht nur hervorragend als Dekostreifen, sondern auch als Kopfschmuck. Dafür den Streifen mit buntem Papier dekorieren (z. B. mit Ohren, Augen und einem Mund mit gefährlichen Zähnen wie ein Monster oder mit bunten Papierfedern und -schnipseln wie ein Indianer oder mit aufgeklebten Papierblumen ...). Dann um den Kopf legen, die Größe markieren, abnehmen und mit einem Tacker fixieren.

## BASTELTIPPS UND VARIANTEN

- Wenn du möchtest, dass deine Zahnstocher-Figuren stabiler sind, kannst du sie, bevor du den Zahnstocher befestigst, auf feste Pappe kleben. Ansonsten kannst du auch Karton fürs Basteln verwenden.
- Du kannst den Wellpappe-Streifen auf festen Karton kleben, ausschneiden und dann mit einer Schnur aufhängen. Du kannst aber auch den Streifen direkt an einem Fensterbrett, an einem Regal, an einer Kommode usw. mit Klebestreifen-Röllchen ankleben, dort kleben lassen und immer wieder verschieden dekorieren.
- Den Wellpappe-Streifen kannst du vielfältig gestalten: Egal ob als bunte Blumenwiese, Ast für singendene Vögelchen, Geburtstagstorte mit Kerzen, gruselige Halloween-Deko, zauberhafte Weihnachtslandschaft ... Dein Dekostreifen wird ein echter Hingucker werden!

# ÖKO-KITZELFRITZ

Hast du etwa schon Bekanntschaft mit diesem lustigen Wesen gemacht? Nein? Dann wird es allerhöchste Zeit! Darf ich vorstellen: Das ist ein kitzeliger Kitzelfritz und wie sein Name schon sagt, liebt er es, Leute zu kitzeln. Hi, hi, hi!

## BASTELIDEE:

1. Zeichne auf der Wellpappe mit dem Lineal und dem Bleistift einen Streifen auf und schneide diesen aus. Rolle den Wellpappe-Streifen eng zusammen und bitte einen Erwachsenen, das Röllchen mit Heißklebepistole zu fixieren.

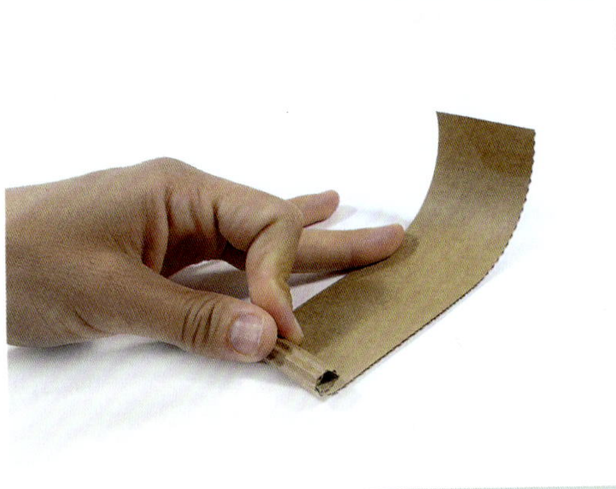

2. Nun muss noch etwas Heißkleber in das Wellpapperöllchen von oben gedrückt werden. Stecke dann vorsichtig einige bunte Federn hinein.

3. Auch von der anderen Seite wird etwas Heißkleber in das Wellpapperöllchen gedrückt und der Schachlikspieß hineingesteckt. Schneide aus dem weißen Papier noch zwei runde Augen aus, male die Pupillen auf, klebe sie auf und kitzle los!

## DAS BRAUCHEN WIR

Wellpappe, bunte Federn, Schaschlikspieß, Papier (weiß)

## HILFSMATERIAL

Schere, Lineal, Bleistift, Kleber, Heißklebepistole, schwarzer Filzstift

## IDEEN FÜR DICH

**Kitzelspaß:** Die meisten Kinder sind kitzelig, aber wie schaut das bei den Erwachsenen aus? Das kannst du leicht herausfinden: Kitzle doch mal deine Mama, wenn sie beim Lesen ist, oder deinen Papa, wenn er gemütlich auf dem Sofa liegt und sich die Nachrichten anschaut, oder deine Oma, wenn sie gerade kuschelige Wollsocken strickt! Und, wie schaut es also mit den kitzeligen Erwachsenen aus?

## BASTELTIPPS UND VARIANTEN

- Wenn du möchtest, kannst du auch etwas Bastelleim verwenden, um die Federn zu fixieren.
- Je länger dein Streifen ist, desto dicker wird dein Kitzelfritz werden.
- Variiere zwischen langen, kurzen, hohen, niedrigen Streifen! Du wirst sehen, wie unterschiedlich diese Kitzelwesen werden!
- Warum denn immer zwei Augen? Vielleicht hat dein Kitzelfritz ja nur ein oder sogar drei, vier, fünf Augen?
- Original wurde der Kitzelfritz aus einer Kaffeekapsel gemacht! Wenn du also zu Hause noch irgendwo Aluminium-Kaffeekapseln aufzubrauchen hast, weißt du jetzt, wofür! Einfach vorsichtig ein Loch in die Kaffeekapsel stechen und den Schaschlikspieß durchstecken. In ein Holzperlenloch ein bisschen Bastelleim drücken, 3–4 Federn hineinstecken und von der anderen Seite den Schaschlikspieß hineindrücken. Augen aus Papier aufzeichnen, ausschneiden und aufkleben! Fertig!

# EULEN

Im Herbst leuchtet die Natur in wunderschönen Farben, aber dann, plötzlich, werden die Tage düsterer, die Nächte kälter und auch die buntgefärbten Bäume verlieren allmählich ihre Pracht. Genau diese farblose Zeit braucht etwas Auffrischendes, etwas Kunterbuntes, etwas, das man ganz einfach und schnell selber basteln kann!

## BASTELBEISPIEL: VIOLETTE EULE

1. Male mit deinen Wasserfarben die Wellpappe in bläulich violetten Farbtönen an.

2. Schneide aus der festen Pappe eine ovale Form aus. Reiße die angemalte Wellpappe in kleine Stückchen und klebe sie kreuz und quer über die Pappe.

3. Schneide aus dem orangen Papier einen Schnabel und die Füße, aus dem weißen Papier zwei große Augen und aus dem hellblauen Papier eine federartige Form aus. Male mit dem schwarzen Filzstift die Eulenaugen (Pupillen und rundum strahlenartige Striche) und die Federkonturen auf. Schneide aus der Wellpappe noch zwei Flügel aus und befestige alle ausgeschnittenen Teile am Eulenkörper.

## DAS BRAUCHEN WIR

Wellpappe, feste Pappe,
Papier (weiß, orange, hellblau)

## HILFSMATERIAL

Wasserfarben, Malbecher mit
Wasser, Pinsel, Schere, Kleber,
schwarzer Filzstift

## IDEEN FÜR DICH

**Deko-Eulen:** Deine Eule macht sich gut als Fenster-, Tür- oder Wandschmuck oder auch als Blumenstecker, wenn du einen dünnen Holzstab daran befestigst!

**Andere Tiere basteln:** Natürlich kannst du auch andere Tiere mit der gerade gezeigten Technik basteln! Für eine farbenfrohe Sommerdekoration würden sich zum Beispiel vor allem Fische mit ihrer schuppigen Haut eignen!

## BASTELTIPPS UND VARIANTEN

- Wenn du deine Eulen aufhängen möchtest, kannst du mit etwas Klebestreifen eine Schnur an der Rückseite befestigen. Ansonsten kannst du Klebestreifen zusammenrollen, auf die Rückseite der Eule kleben und sie direkt an der Wand befestigen.
- Deine Eule wird besonders bunt, wenn du beim Anmalen verschiedene Wasserfarben verwendest. Nimm etwas mehr Wasser und lass die Farben ineinanderlaufen, um wunderschöne Effekte zu bekommen! Übertreibe aber nicht, da sich zu viele Farben auch leicht zu einem hässlichen und langweiligen Braunton vermischen.
- Als feste Pappe kannst du leere Verpackungen (z. B. von Cornflakes, Nudeln ...) benutzen.
- Achte darauf, dass du die Wellpappe-Stückchen wirklich kreuz und quer aufklebst. Dies lässt das Eulengefieder besonders struppig wirken!

# SCHUTZENGELCHEN & CO.

Ist es nicht fast magisch, wie man eine ganz normale Tanne in kurzer Zeit, mit ein paar geschickten Handgriffen und schönem Schmuck, in einen majestätischen Weihnachtsbaum verwandeln kann? Natürlich dürfen auf dem Weihnachtsbaum diese Wellpappe-Figuren nicht fehlen!

## BASTELIDEE: SCHUTZENGELCHEN

1. Zeichne auf der Wellpappe mit dem Lineal und dem Bleistift einen Streifen auf und schneide diesen aus. Rolle ihn eng zusammen und bitte einen Erwachsenen, dir die Wellpappe mit etwas Heißkleber zu befestigen.

2. Schneide ein Stück Schnur (ca. 20 cm) ab, mache an beiden Enden einen Knoten (= Füße) und falte die Schnur genau in der Mitte. Fädle die Schnur durch das Wellpappe-Röllchen und die Holzperle durch und mache dann einen Knoten, sodass die Schnur nicht mehr durchrutschen kann. Bitte einen Erwachsenen, die Holzperle sowie die Schnur mit Heißkleber am Wellpappe-Röllchen zu befestigen. Setze mit etwas Kleber die halbe Holzperle als Nase darauf und zeichne mit dem schwarzen Stift dem Engelchen ein freundliches Gesicht.

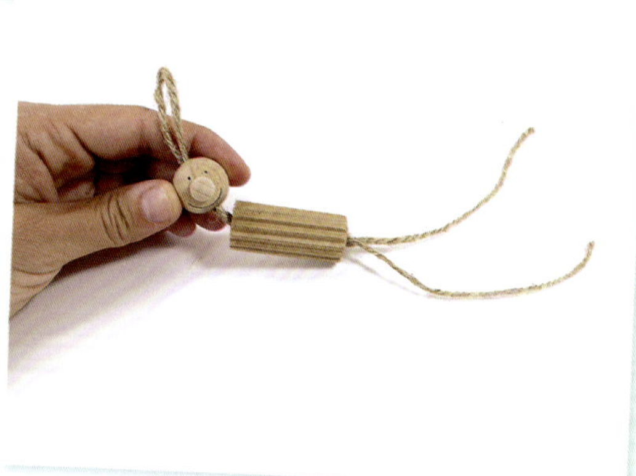

3. Falte die Buchseite in der Mitte und schneide Flügel aus. Schneide noch ein Stück Schnur (ca. 10 cm) ab und mache an beiden Enden einen Knoten (= Hände). Gib auf die Mitte der Flügel etwas Kleber, lege die Schnur als Arme darauf und drücke anschließend die Flügel an der Rückseite des Engelkörpers fest.

## DAS BRAUCHEN WIR

Wellpappe, naturbelassene Holzperle (Durchmesser ca. 1 cm), halbe Holzperle für die Nase, Schnur, Buchseite

## HILFSMATERIAL

Lineal, Bleistift, Schere, Heißklebepistole, schwarzer permanenter Stift, Kleber

## IDEEN FÜR DICH

**Weihnachtsbaum-Schmuck:** Mit den soeben gebastelten Wellpappe-Figuren kannst du hervorragend euren Weihnachtsbaum schmücken. Du kannst die Figuren auch auf Tannenzweige hängen und als weihnachtliche Tischdekoration verwenden.

**Geschenke verpacken:** Verpacke deine Geschenke heuer mal mit Zeitungspapier oder braunem Packpapier und Juteschnur! Die Wellpappe-Figuren verwendest du als Geschenksanhänger!

## BASTELTIPPS UND VARIANTEN

- Die Engelchen lassen sich wunderbar als Schutzengelchen verschenken. Zum Aufhängen befestigst du an der Rückseite mit Kleber eine Schnur-Schlaufe. Zur Geschenkdeko kannst du an der Rückseite der Flügel ein Klebestreifen-Röllchen anbringen.
- Weihnachtsmann: Wellpappe zusammenrollen und mit Heißkleber fixieren. Aus hellrosa Papier den Kopf ausschneiden, das Gesicht aufmalen und an der Wellpappe-Rolle anbringen. Aus rotem Papier eine Mütze ausschneiden und aufkleben. Watte als Bart aufkleben. Auf der Rückseite eine Schlaufe zum Aufhängen befestigen.

# GRUNDRAHMEN

Pappteller bekommt man oft in Bäckereien, bei Festen, an der Würstchenbude! Wenn die Pappteller nicht allzu voll mit Zuckerresten, Ketchup oder Ähnlichem sind, kannst du sie noch hervorragend fürs Basteln verwenden! Du kannst sie zum Beispiel in Grundrahmen verwandeln, die deine Zeichnungen, Collagen und Bilder in ein ganz besonderes Licht rücken.

## BASTELIDEE: KATZE

1. Male die Buchseite mit deinen Wasserfarben an und warte, bis die Farben trocken sind.

2. Schneide aus der angemalten Buchseite einen Katzenkopf aus. Nimm das weiße Papier, schneide zwei runde Augen aus, male die Pupillen auf und befestige die Augen am Katzenkopf. Schneide aus rotem Papier die Nase aus, klebe sie auf und zeichne das Schnäuzchen sowie die Schnurrhaare auf. Schneide aus der angemalten Buchseite noch zwei Dreiecke für das Ohreninnere aus und bringe sie an. Klebe den Katzenkopf auf den Pappteller auf.

3. Gestalte den Hintergrund mit den Papierschnipseln. Stich vorsichtig mit der Schere am oberen Rand zwei Löcher und befestige die Schnur.

## DAS BRAUCHEN WIR

Pappteller (rechteckig), Schnur, Papier (weiß, rot), Papierschnipsel, Buchseite

## HILFSMATERIAL

Wasserfarben, Malbecher mit Wasser, Pinsel, Schere, Kleber, schwarzer Filzstift

## IDEEN FÜR DICH

**Andere Materialien:** Verwende andere Materialien (z. B. Wolle, Korken, Perlen ...), um deinem Pappteller einen 3D-Effekt zu verleihen. Wenn du „Papieriges" (z. B. Augen, Nase ...) hervorheben möchtest, könntest du diese auf Korkscheiben oder kurzen Hexentreppen befestigen.
**Grundrahmen für ...:** Wie oben beschrieben, kannst du aus buntem oder angemaltem Papier Figuren ausschneiden und aufkleben. Vielleicht hast du aber auch Lust, Fotos, eigene Zeichnungen, Ausschnitte aus Magazinen usw. in deinen Bilderrahmen zu integrieren?

## BASTELTIPPS UND VARIANTEN

- Es ist immer gut, Papierschnipsel auf Vorrat zu haben, da man so ganz einfach seine Bastelwerke verzieren kann! Wenn du keine Papierschnipsel hast, kannst du buntes Papier oder Papierreste nehmen und kleine Formen (Dreiecke, Quadrate, Rechtecke, Trapeze ...) ausschneiden.
- Wenn du möchtest, kannst du die Pappteller auch mit einer Wasserfarbe grundieren und sie anschließend gestalten.

# FÄCHER

Hundert Schweißperlen auf der Stirn, nasse Achseln und Tröpfchen, die gewagte Sprünge von der Nasenspitze vollbringen: Herzlich willkommen, lieber Sommer! Wer für schweißtreibende Sommertage gerüstet sein will, liest jetzt unbedingt weiter!

## BASTELIDEE: FÄCHER MIT PIRATENSCHIFF

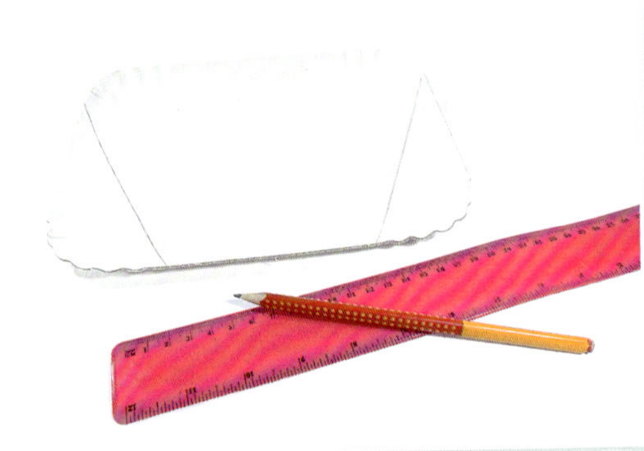

1. Zeichne mit dem Lineal und dem Bleistift rechts und links je eine diagonale Linie, um die unteren beiden Ecken abzuschneiden. Trenne die beiden Ecken vorsichtig ab.

2. Reiße die blauen Blätter in Streifen und klebe sie abwechselnd als Meer auf.

3. Zeichne auf dem braunen Papier einen Schiffsbauch und auf dem weißen Papier einen Totenkopf auf. Schneide beides aus und befestige das Schiff auf dem Fächer. Klebe eventuell noch einen blauen Papierstreifen darüber, damit das Schiff sich regelrecht in den Wellen befindet. Schneide aus der Wellpappe einen Masten und aus dem schwarzen Papier eine Fahne aus. Klebe den Totenkopf auf die Fahne und befestige alles am Fächer. Zeichne einige um das Schiff kreisende Möwen auf. Stich vorsichtig mit der Schere am unteren Rand zwei Löcher und befestige die Schnur daran.

## DAS BRAUCHEN WIR

Pappteller (rechteckig), Papier (weiß, braun, schwarz, verschiedene Blautöne), Schnur, Wellpappe

## HILFSMATERIAL

Lineal, Schere, Bleistift, Kleber, schwarzer Filzstift

## IDEEN FÜR DICH

**Luftwedel:** Egal, ob du deinen Fächer an heißen Sommertagen benötigst oder als vornehme Prinzessin oder edler Prinz ein bisschen frische Luft und ein farbenfrohes Accessoire brauchst: Mit dem selbst gemachten Pappteller-Fächer liegst du immer richtig!

## BASTELTIPPS UND VARIANTEN

- Gestalte deinen Fächer so, wie er dir am besten gefällt! Du kannst ihn mit Verzierungen schmücken, wie einen Regenbogen anmalen, dein Lieblingstier daraus machen ... Lass deiner Kreativität freien Lauf!
- Du kannst deinen Fächer mit Wasserfarben, Buntstiften oder Filzstiften anmalen oder mit buntem Papier bekleben!
- Je „steiler" die Linien der Ecken sind, die du abschneidest, desto spitziger wird auch dein Fächer!
- Du kannst die Schnur zum Festhalten auch länger lassen, damit du den Fächer wie eine Handtasche geschickt umhängen kannst!

# 3D-ICH-SCHILD

Egal ob braune, schwarze, blonde oder rote Haare, braune, blaue, graue oder grüne Augen, Sommersprossen, Zahnlücken, Brille oder Nasen- oder Ohrenformen: Jeder von uns ist unterschiedlich und genau deshalb etwas Einzigartiges und ganz Besonderes! Betrachte dich einmal ganz genau im Spiegel, beobachte jede Kleinigkeit und bastle dann dein ganz persönliches 3D-Ich-Schild!

## BASTELIDEE: MÄDCHEN MIT GEMUSTERTEM HINTERGRUND

1. Male mit deinen Wasserfarben den Pappteller kunterbunt und wellenartig an. Warte, bis die Farbe getrocknet ist.

2. Schneide aus dem braunen Papier einen Kopf mit Hals aus, klebe ihn auf und zeichne einen Mund auf. Nimm das weiße Papier doppelt, schneide zwei gleich große Kreise für die Augen aus und male die Pupillen auf. Bitte einen Erwachsenen, zwei dünne Scheiben vom Korken mit dem Furniermesser herunterzuschneiden. Klebe die Papieraugen auf die Korkscheiben und befestige die so erhaltenen 3D-Augen im Gesicht.

3. Schneide vom braunen Papier einen dünnen, ca. 1 cm breiten Streifen ab und falte ihn wie im Foto. Klebe die 3D-Nase zusammen, indem du die erste kleine Lasche außen mit etwas Kleber bestreichst und auf die gegenüberliegende Lasche drückst. Klebe die 3D-Nase ins Gesicht.

4. Reiße das braune Packpapier in kleine Stückchen, zerknülle sie und klebe sie als Haare auf.

5. Befestige am Hals ein Stück hellblaues Papier als T-Shirt. Verziere mit schwarzem Stift den Hintergrund. Stich mit der Schere am oberen Rand zwei Löcher und befestige die Schnur daran.

## DAS BRAUCHEN WIR

Pappteller (rechteckig), Papier (weiß, dunkelbraun, hellblau), braunes Packpapier, Korken, Schnur

## HILFSMATERIAL

Wasserfarben, Malbecher mit Wasser, Pinsel, Bleistift, Schere, Kleber, schwarzer Filzstift, Furniermesser

## IDEEN FÜR DICH

**Weitere Ideen für die Haare:** Neben Papier und Wolle machen sich auch Ästchen, alte Schnürsenkel, Rindenstückchen usw. gut als Haare. Wenn du einen Lockenkopf hast, kannst du Papierstreifen um einen Stift wickeln, kurz andrücken, vorsichtig herunterziehen und als Locken aufkleben.

**Zimmerschild:** Hänge das Ich-Schild an deine Zimmertür, damit jeder weiß, wessen Reich hier beginnt! Wenn du deinen Namen am Schild anbringen möchtest, kannst du Buchstaben von Zeitschriften ausschneiden, neu zusammensetzen und damit deinen Namen schreiben oder Buchstaben einfach aus buntem Papier ausschneiden. Natürlich kannst du deinen Namen auch einfach nur mit Stiften aufs Schild schreiben.

## BASTELTIPPS UND VARIANTEN

- Du kannst den Kopf aus Papier ausschneiden oder auch mit Wasserfarben auf den Pappteller malen.
- Für die Haare kannst du Wolle oder Papier verwenden!
- Gestalte den Hintergrund so, wie es dir am besten gefällt! Du kannst Formen ausstanzen und diese aufkleben, Papierschnipsel anbringen, mit Wasserfarben den Hintergrund farbig gestalten, Muster mit Filzstiften aufzeichnen usw.

# WEBFIGUREN

Hast du schon mal gewebt? Möglicherweise nicht, weil du keinen Webrahmen zu Hause hast? Aber wer sagt denn, dass man unbedingt einen gekauften Webrahmen braucht, wenn man sich auf so einfache Art und Weise einen selber machen kann? Vielleicht verschenkst du heuer zu Weihnachten ja mal gewebte Geschenke ...

## BASTELIDEE: RENTIER

1. Schneide die beiden kürzeren Seiten des Papptellers im Abstand von ca. 1 cm mit der Schere ein! Auf beiden Seiten sollen gleich viele Einschnitte sein, die sich genau gegenüber liegen. Nimm dann die Schnur und spanne sie über den Pappteller: Drücke die Schnur in den ersten Einschnitt auf einer Seite (a) und spanne sie genau zum gegenüberliegenden auf der anderen Seite (b). Drehe den Teller um, spanne die Schnur auf der Rückseite zum zweiten Einschnitt (Seite a), wieder umdrehen und zum gegenüberliegenden Einschnitt (Seite b) spannen usw. Knote zum Schluss die beiden Schnurenden zusammen oder befestige sie mit Kleber.

2. Nimm das Stück Pappe und schneide einen schmalen Streifen (ca. 2 cm x 5 cm) ab. Umwickle den Pappstreifen der Länge nach mit der Wolle und schiebe ihn zwischen den gespannten Fäden durch, einmal darunter, einmal darüber. Starte an einer Seite und webe bis zum gegenüberliegenden Rand und wieder zurück, bis die aufgewickelte Schnur zu Ende ist. Es ist wichtig, immer bis zum Rand zu weben.

3. Umwickle nun den Webstreifen wiederum mit Wolle und mache mit dem Weben weiter. Lasse dabei etwas Wolle über den Webrahmen hängen. Diese wird später mit dem anderen Wollende verknotet und hinter das Gewebte gesteckt.

4. Sobald du mit dem Weben fertig bist, steckst du das Wollende in einen Einschnitt! Schneide aus dem roten Papier eine Nase, aus dem hellbraunen zwei Ohren, aus der Buchseite zwei Hörner sowie das Ohreninnere und aus dem

## DAS BRAUCHEN WIR

Pappteller (rechteckig), dünne Schnur, Stück Pappe, dicke braune Wolle, Papier (weiß, rot, hellbraun), Buchseite, Glöckchen

## HILFSMATERIAL

Schere, Kleber, Klebestreifen

weißen Papier zwei Augen aus. Zeichne die Pupillen auf und klebe die ausgeschnittenen Teile auf. Binde ein Glöckchen an eine Schnur und befestige sie beim Rentier als Halsband. Bringe an der Rückseite eine Schnur zum Aufhängen an.

## IDEEN FÜR DICH

**Andere Figuren weben:** Wer sagt denn, dass man nur weihnachtliche Figuren mit diesem genialen Webrahmen weben kann? Natürlich lassen sich auch Menschen oder die verschiedensten Tiere weben! Du entscheidest, ob man bei den Menschen nur den Kopf sieht oder ob es eine Ganzkörper-Darstellung werden soll!

## BASTELTIPPS UND VARIANTEN

- Es empfiehlt sich, dass eine erwachsene Person die Einschnitte in den Pappteller macht und den Webrahmen bespannt!
- Der Pappstreifen zum Weben sollte stabil sein! Eventuell kann die Pappe doppelt genommen werden! Wenn dir das Weben ohne Pappe-Stückchen leichter fällt, kannst du es natürlich weglassen und nur deine Finger verwenden!
- Du kannst den Pappteller mit Wasserfarben anmalen, einzelne Formen aufzeichnen oder aufkleben oder den Pappteller „natur" lassen.
- Du kannst dem Rentier auch einen Schal aus Papier, Wolle oder Stoff oder ein Halstuch aufkleben oder auf dem Hintergrund einge Wattebällchen als Schnee anbringen
- Auch für die Eule gehst du so vor: Pappteller zum Webrahmen umwandeln, weben und mit Papier die Einzelheiten aufkleben.

# BILDERRAHMEN

Mit ein bisschen Farbe und buntem Papier lassen sich langweilige weiße Pappteller in wunderschöne Bilderrahmen verwandeln. In diesen Bilderrahmen fühlen sich Menschen, aber anscheinend auch Tiere wohl. Und, hast du schon ein Foto im Kopf, das du in einem Bilderrahmen besonders schön präsentieren möchtest?

## BASTELIDEE: BILDERRAHMEN MIT MOSAIK-RAND

1. Male den inneren Kreis des Papptellers mit deinen Wasserfarben bunt an. Warte, bis die Farbe trocken ist, und beklebe dann den Rand mit kunterbunten Papierschnipseln. Klebe die Papierschnipsel so auf, dass ein Mosaik-Muster entsteht. Die Papierschnipsel wirken besonders farbenfroh, wenn du einige kleinere Papierschnipsel auf größere klebst.

2. Stich vorsichtig mit der Schere am oberen Rand ein Loch und befestige daran die Schnur. Bestreiche die kleine Holzklammer mit Kleber und bringe sie am oberen Rand des angemalten Bereiches an.

## DAS BRAUCHEN WIR

Pappteller (rund), kleine Holzklammer, Schnur, Papierschnipsel

## HILFSMATERIAL

Wasserfarben, Malbecher mit Wasser, Pinsel, Schere, Kleber

## BASTELTIPPS UND VARIANTEN

- Wenn du möchtest, kannst du den gesamten Pappteller mit Wasserfarben anmalen und dann mit buntem Papier schmücken.
- Verwende bei den Wasserfarben etwas mehr Farbe, sodass die unterschiedlichen Farben etwas ineinanderlaufen und so tolle Aquarell-Effekte entstehen.
- Du kannst den Bilderrahmen auch mit einem Schwamm und Wasserfarben bunt stempeln.
- Wenn du keine flüssige Farbe verwenden möchtest, kannst du bunte Papierformen ausschneiden und aufkleben oder mit Buntstiften oder Filzstiften Muster aufzeichnen.

## IDEEN FÜR DICH

**Fotos präsentieren:** Viele tolle Fotos werden gemacht, aber nie ausgedruckt. Wähle einige Fotos aus, die dich an wunderschöne Momente erinnern, erstelle dazu passende Bilderrahmen, suche in eurer Wohnung geeignete Plätze und präsentiere die Fotos der Welt. Im Handumdrehen hast du eurer Wohnung einige farbliche Akzente verliehen, die euch zudem immer wieder an schöne Erlebnisse erinnern! Du kannst dir sicher sein, dass du für die originellen Bilderrahmen Komplimente bekommst!
**Geschenkidee:** Du kannst die Bilderrahmen auch gut verschenken! Vielleicht ein Foto von dir und deiner Oma zu ihrem Geburtstag? Vielleicht ein Foto von deiner gesamten Fußballmannschaft als Dank an deinen Trainer? Vielleicht deiner besten Freundin als kleine Zimmerdekoration? Wenn du möchtest, kannst du an der Rückseite noch eine kleine Botschaft hinterlassen.

# PAPPTELLERBILD

Wald, Wasser, Wüste, Dschungel, Wiese und und und. Es gibt verschiedenste Lebensräume, in denen Pflanzen und Tiere zu Hause sind. Bei diesen Papptellerbildern wird genau das dargestellt! Such dir ein Tier aus, überleg dir, wie sein Lebensraum aussehen könnte, und leg los!

## BASTELIDEE: UNTERWASSERBILD

1. Male den Pappteller mit verschiedenen Blautönen komplett an. Sobald die blaue Farbe getrocknet ist, kannst du mit deinem Pinsel noch einige Deckweiß-Striche aufmalen. Reiße das Packpapier in kleine Stückchen und klebe sie am unteren Rand auf. Schneide aus dem hell- und dunkelgrünen Papier Pflanzen und aus dem braunen Papier Muscheln aus und klebe diese ebenfalls auf.

2. Schneide aus dem gelben Papier einen Fischkörper, aus dem orangen Papier drei Flossen, aus dem roten Papier einen Schmollmund und aus dem weißen Papier ein Auge aus. Zeichne die Pupille auf, mache auf den Flossen einige Striche und bringe alle ausgeschnittenen Teile am Fisch an. Nimm die Papierschnipsel, zerknülle sie und klebe sie auf den Fischbauch.

3. Stich am oberen Rand, wo der Teller beginnt tiefer zu werden, vorsichtig ein Loch. Stecke von der Rückseite ein Stück Schnur in das Loch und ziehe daran, bis ca. 10 cm durch das Loch gefädelt sind. Nimm die durchgezogene Schnur und mache kurz vor dem Loch einen Knoten. Mache am anderen Ende eine Schlaufe, damit du den Pappteller an einem Nagel aufhängen kannst.

4. Lege deinen Fisch mit der Rückseite nach oben auf den Papptellerrand. Befestige die durchgezogene Schnur mit etwas Klebestreifen auf dem Fisch. Drehe den Fisch wieder um und schon schwimmt er in seinem neuen Zuhause.

## DAS BRAUCHEN WIR

Pappteller (rund), Schnur, Papier (weiß, gelb, orange, rot, hellgrün, dunkelgrün, dunkelbraun), braunes Packpapier, Papierschnipsel

## HILFSMATERIAL

Wasserfarben, Malbecher mit Wasser, Deckweiß, Pinsel, Kleber, Schere, schwarzer Filzstift, Klebestreifen

## IDEEN FÜR DICH

**Ich und meine Welt:** Mit „Zuhause" verbindet jeder von uns etwas anderes. Für den einen bedeutet es die gemütliche, knallrote Couch im Wohnzimmer, für den anderen das Rauschen vom nahegelegenen Fluss oder das beruhigende Schnurren der Katze auf dem Fensterbrett. Überleg dir, was für dich in deinem „Lebensraum" besonders wichtig ist, gestalte es dann als Pappteller, bastle anschließend dich selbst und platziere dich mitten hinein.

## BASTELTIPPS UND VARIANTEN

- Am besten eignen sich für diese Bastelidee tiefe Pappteller! Wenn du keinen solchen hast, kannst du natürlich auch einen flachen Pappteller verwenden!
- Wenn du möchtest, kannst du den Meeresgrund auch mit echtem Sand und gesammelten Muscheln gestalten.
- Klebe die Tiere auf festen Karton, damit sie extra stabil werden.
- Sollten sich die Tiere an der Schnur immer umdrehen, könntest du auf deren Rückseite ein Klebestreifen-Röllchen befestigen und sie damit am Pappteller fixieren.
- Du kannst die Farbe auch mit einem Pinselstiel auftupfen (weiße Punkte beim Papptellerbild vom Känguru) oder mit einem Schwamm aufstempeln (Hintergrund beim Papptellerbild von der Kuh).

# WINDRAD

Oh, wer kennt das nicht? Nach warmen Sommertagen kommt im Herbst ein kräftiger Wind und pustet, pustet, pustet, dass die bunten Herbstblätter nur so herumwirbeln. Natürlich kann der Wind neben dem Herbstlaub auch diese selbst gemachten Windräder zum Drehen bringen.

## BASTELIDEE: GELB-BLAUES WINDRAD

1. Male den Pappteller innen gelb an. Warte, bis die Farbe trocken ist. Mache dann die Außenseite dunkelblau. Nach dem Trocknen kannst du den Pinselstiel in Deckweiß tauchen und Punkte stempeln. Lass die Deckweißpunkte trocknen.

2. Lege den Pappteller so, dass die Innenseite nach oben zeigt. Nimm den Gegenstand mit der runden Grundfläche, stelle ihn in die Mitte und zeichne ihn mit dem Bleistift nach. Nimm das Lineal und zeichne eine Linie vom Bleistiftkreis bis zum Tellerrand. Zeichne gleich daneben noch eine Linie, die sich der anderen nach innen nähert. Wiederhole das weitere drei Male. Es ist wichtig, dass sich je zwei Linien-Trapeze gegenüberstehen. Schneide zum Schluss an den Linien entlang und entferne die Innenbereiche.

3. Nimm nun von jedem kuchenstückförmigen Bereich die linke Ecke und biege sie so weit nach vorne, bis sie den kleinen Bleistiftkreis in der Mitte erreicht. Bitte einen Erwachsenen, die nach vorne gebogenen Ecken mit Heißkleber gleich nach der Bleistiftlinie zu befestigen.

4. Reiße das hellgrüne Papier in Stückchen und überklebe damit den Kreis in der Mitte und die nach innen gebogenen Ecken. Schneide aus dem dunkelgrünen Papier einen kleineren Kreis aus und klebe ihn in die Mitte. Bitte einen Erwachsenen, dass er einen Korken mit dem Furniermesser so bearbeitet, dass ein kleiner Korkwürfel entsteht. Nimm die Pinnadel, drücke sie durch die Mitte des dunkelgrünen Kreises in den Korkwürfel.

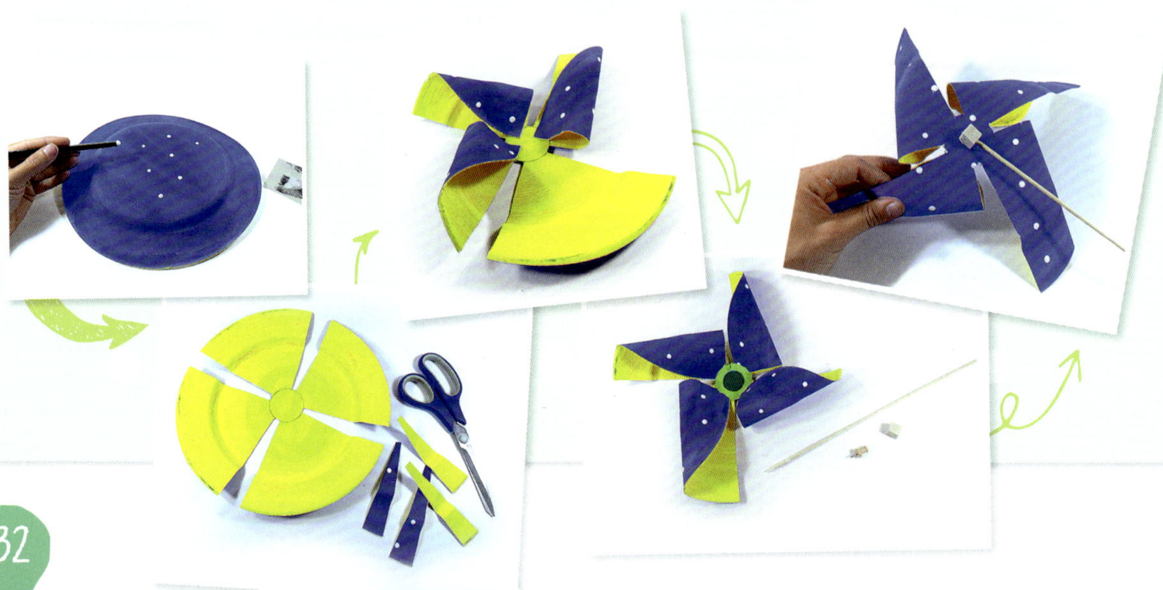

## DAS BRAUCHEN WIR

Pappteller (rund), Schaschlikspieß, Korken, Papier (hellgrün, dunkelgrün), Pinnadel

## HILFSMATERIAL

Wasserfarben, Malbecher mit Wasser, Deckweiß, Pinsel, Furniermesser, Schere, Bleistift, Gegenstand mit runder Grundfläche (z. B. Kleberflasche, Durchmesser ca. 3–4 cm), Lineal, Heißklebepistole

5. Drücke zum Schluss den Schaschlikspieß mit der Spitze voraus in den Korkwürfel. Es ist wichtig, dass der Pappteller beim Drehen nicht den Schaschlikspieß berührt, da dies bremst.

## IDEEN FÜR DICH

**Windrad in Aktion:** Suche dir ein windiges Plätzchen aus und drücke den Schaschlikspieß in den Boden oder in einen mit Erde gefüllten Blumentopf. Positioniere dein Windrad so, dass der Wind genau darauf bläst, und warte ab, bis sich dein selbstgebasteltes Windrad dreht. Da es aus Pappe besteht, ist es nicht wasserfest. Suche dir daher am besten einen regengeschützten Ort (z. B. Balkon, Terrasse ...) aus oder entferne dein Windrad, wenn das Wetter schlecht wird.

## BASTELTIPPS UND VARIANTEN

- Wenn du nicht warten möchtest, bis endlich die Farben getrocknet sind, kannst du einen Fön benutzen und deinen Pappteller auf einer niedrigen Hitzestufe fönen.
- Du kannst den Pappteller einfarbig bemalen, aber natürlich auch verschiedene Farben verwenden oder Muster aufzeichnen.
- Der Korkwürfel eignet sich besser als eine Korkscheibe, da so der Korken den Pappteller weniger berührt und beim Drehen nicht bremst.
- Bei heftigem Wind ist ein Schaschlikspieß möglicherweise zu schwach. Dann ist ein dickerer Holzstab besser. Den kannst du mit etwas Bastelleim oder mit der Heißklebepistole am Korkwürfel befestigen.

# FASCHINGSGESICHTER

Runde Pappteller sind perfekt, um Köpfe daraus zu basteln! Im Handumdrehen kannst du damit lustige Faschingsgesichter gestalten. Egal ob Prinzessin, Koch, Clown, Indianer, Pirat oder ein anderer Faschingsnarr – mit wenigen Handgriffen wandelst du einen Pappteller in eine pfiffige Faschingsdekoration um!

## BASTELIDEE: PRINZESSIN

1. Nimm den Pappteller und male ihn rosarot an. Warte, bis die Farbe trocken ist. Schneide wie im Bild den äußeren Rand des Papptellers weg: Lasse unten ein Stück Rand übrig als Hals. Auch oben solltest du den Rand des Tellers nicht wegschneiden, denn dort werden die Haare angeklebt.

2. Schneide von dem gelben Papier wellenförmige Streifen ab. Bestreiche den Tellerrand oben mit Kleber und befestige nach und nach die welligen Haare.

3. Bitte einen Erwachsenen, dir mit einem Furniermesser zwei dünne Scheiben vom Korken abzutrennen. Schneide aus dem weißen Papier zwei Kreise aus, zeichne die Pupillen auf und klebe sie auf die Korkscheiben. Befestige die Korkscheiben auf dem Pappteller und zeichne der Prinzessin eine Nase und einen Mund. Spitze den roten Buntstift etwas an und verreibe das so erhaltene Farbpulver auf den Backen der Prinzessin. Schneide aus der Wellpappe eine Krone aus, befestige an den Spitzen kleine, rote Punkte und klebe die Krone auf. Lege der Prinzessin eine Halskette aus kleinen, roten Punkten an.

## DAS BRAUCHEN WIR

Pappteller (rund), Korken, Papier (weiß, gelb, rot), Wellpappe

## HILFSMATERIAL

Wasserfarben, Malbecher mit Wasser, Pinsel, Schere, Kleber, schwarzer Filzstift, rote Holzfarbe, Spitzer, Furniermesser

## IDEEN FÜR DICH

**Dekoration:** Die Faschingsgesichter sind eine wirklich tolle Dekoration! Wenn du noch bunte Papierschlangen und farbige Papierformen (z. B. Kreise, Dreiecke ...) dazu hängst, wirkt das Ganze noch einmal viel fröhlicher.

## BASTELTIPPS UND VARIANTEN

- Am besten eignen sich flache Pappteller.
- Wenn du möchtest, kannst du eine Schnur an deinem Pappteller-Gesicht anbringen und es aufhängen. Alternativ lässt sich das Gesicht direkt an die Wand kleben, wenn du an der Rückseite einige Klebestreifen-Röllchen befestigst.
- Solltest du bei deinen Wasserfarben kein Rosarot haben, mische einfach die rote Wasserfarbe mit etwas Deckweiß. Je mehr Deckweiß du dazu gibst, desto heller wird die Farbe.
  Dein Faschingsgesicht soll eine andere Hautfarbe bekommen? Dann male es doch vielleicht mit brauner Farbe an oder helle diese mit Deckweiß auf.
- Statt mit flüssiger Farbe zu arbeiten, kannst du rosarotes Papier in kleine Stückchen reißen und den Pappteller damit überkleben.

# OSTER-RUCKSÄCKE

Zu Ostern hat der Osterhase viel um die Löffel! Aber heuer ist er nicht allein, sondern wird tatkräftig von anderen Hasen und kräftigen Küken beim Eierausliefern unterstützt! Alle schleppen die bunten Eier und Süßigkeiten in ihren Pappbecher-Rucksäcken zu Kindern und Erwachsenen!

## BASTELIDEE: BUCHSEITEN-OSTERHASE

1. Male den Pappbecher mit deinen Wasserfarben blau an. Klebe, sobald die Farbe trocken ist, bunte Papierschnipsel kreuz und quer über den Pappbecher.

2. Schneide aus der braunen Pappe den Hasenkörper aus, bestreiche ihn mit Kleber, lege die Buchseite darüber und wische einige Male kräftig darüber. Schneide den überstehenden Rand der Buchseite ab. Schneide aus der braunen Pappe zudem zwei Ohren und das Bauchfell aus. Für das Innere der Ohren verwendest du das rosarote Papier. Schneide aus dem weißen Papier zwei Kreise aus, male die Pupillen auf und klebe sie auf. Für die Nase verwendest du das schwarze Papier. Zeichne das Schnäuzchen auf und klebe alles fest.

3. Bitte einen Erwachsenen, mit einem Furniermesser eine Scheibe vom Korken abzuschneiden. Diese wird zuerst mit etwas Heißkleber am unteren Rand des Hasen befestigt und dann am Pappbecher festgeklebt. Die Rückseite des Hasen, die den Pappbecher-Rand oben berührt, wird außerdem mit ein bisschen Heißkleber am Pappbecher fixiert.

## DAS BRAUCHEN WIR

Pappbecher (weiß), braune Pappe, Buchseite, Papier (weiß, schwarz, rosarot), Papierschnipsel, Korken

## HILFSMATERIAL

Wasserfarben, Malbecher mit Wasser, Pinsel, Kleber, Schere, schwarzer Filzstift, Heißklebepistole, Furniermesser

## IDEEN FÜR DICH

**Ostergeschenke:** Fülle die Oster-Rucksäcke mit Schokoeiern, anderen Süßigkeiten und Kleinigkeiten und verschenke sie an deine Familie und Freunde. Wenn du ihnen außerdem ein Briefchen schreiben möchtest, kannst du dieses entweder mit einer kleinen Holzklammer am Tier direkt befestigen oder den Brief zusammenrollen, mit einem Stück Schnur umwickeln und am Hasen oder dem Küken festbinden.

## BASTELTIPPS UND VARIANTEN

- Du kannst unterschiedliche Küken und Osterhasen machen: Statt Buchseiten kannst du auch braune Pappe verwenden und umgestalten. Wenn du möchtest, dass deine Osterhasen und Küken etwas struppig aussehen, reißt du braunes Packpapier (Osterhase) bzw. gelbes Papier (Küken) in kleine Stückchen, die du auf harte Pappe klebst.
- Wenn du weiße Pappbecher hast, kannst du sie einfarbig mit Wasserfarben anmalen und dann, sobald die Farbe trocken ist, Verzierungen aufmalen. Du kannst auch bunte Streifen malen und diese gestalten. Verwende den Pinselstil und etwas Farbe (z. B. Deckweiß, Bastelfarbe ...), um Punkte aufzustempeln. Auch bunte Holzperlen machen sich gut auf den Papprucksäcken.
- Wer möchte, kann den Osterhasen auch auf einem weißen Papier zeichnen und anmalen, dann mit Pappe verstärken und anschließend am angemalten Pappbecher fixieren.

# FANG-KRÖTEN

Schaut euch mal diese Fang-Kröten und Schleich-Tiere an! Stellt euch nur vor, wie die Kröten, der Bär und die Katze ihre Beute schnappen und jubeln: „Ich haaaaaaaab dich – endlich!", „Huhu, geschnappt!". Wenn du möchtest, dass auch deine Pappbecher sich in jagende Tiere verwandeln, beginnst du am besten SOFORT mit dem Basteln!

## BASTELIDEE: ORANGE FANG-KRÖTE

1. Male den Pappbecher mit deinen Wasserfarben orange an. Wenn du auch Gelb und Rot verwendest, bekommt dein Pappbecher schöne Farbeffekte. Schneide aus dem weißen Papier zwei große Punkte aus, zeichne die Pupillen auf und klebe sie, sobald die Farbe trocken ist, auf den Pappbecher. Reiße das gelbe Papier in Stückchen und bringe sie ebenfalls am Pappbecher an.

2. Reiße anschließend das rote Papier in noch kleinere Stückchen und befestige sie auf den gelben Papierfetzen.

3. Stich in den Pappbecher-Boden vorsichtig mit deiner Schere ein kleines Loch, fädle ein Stück Schnur (ca. 30 cm) ein und ziehe es fast ganz durch. Mache am Ende einen Knoten und befestige diesen mit etwas Kleber an der Pappbecher-Unterseite. Fädle auf das andere Schnurende eine Holzperle auf und knote sie fest. Zeichne mit dem schwarzen Stift der Holzperlen-Fliege ein Gesichtchen auf, schneide aus dem hellblauen Papier kleine Flügel aus und befestige diese an der Holzperle.

## DAS BRAUCHEN WIR

Pappbecher (weiß), Papier (weiß, rot, gelb, hellblau), Schnur, Holzperle

## HILFSMATERIAL

Wasserfarben, Malbecher mit Wasser, Pinsel, Kleber, Schere, schwarzer Filzstift

## IDEEN FÜR DICH

**Fang-Kröten-Spiel:** Dieses Spiel ist gedacht für 1 Spieler. Nimm deine Fang-Kröte in die Hand. Ihr Maul (mit der Fliege an der Schnur drinnen) zeigt nach oben. Bewege nun ruckartig die Fang-Kröte nach oben, sodass die Fliege aus dem Maul geschleudert wird. Nun musst du aber versuchen, das Insekt im Flug schnell mit deiner Fang-Kröte zu schnappen. Warte nur ab: Du wirst dabei immer geschickter werden! Wenn du schon ein echter Fang-Kröten-Profi bist, kannst du ja mal probieren, dich beim Jagen nicht von der Stelle zu bewegen, die Augen zu schließen oder zur Abwechslung die andere Hand zu benutzen.

## BASTELTIPPS UND VARIANTEN

- Wenn deine Pappbecher nicht weiß sind, kannst du sie mit weißen Papierstückchen überkleben und mit Wasserfarben anmalen oder mit bunten Papierstückchen bekleben.
- Je länger die Schnur, desto schwieriger wird es für die Kröten (und dich), die flinken Fliegen zu fangen.
- Wenn du möchtest, kannst du der Fliege auch kleine Papieraugen aufkleben.
- Wenn das Schnurende am Pappbecher-Boden nicht gut kleben bleibt, kannst du auch einen Erwachsenen bitten, die Schnur mit Heißkleber dort zu fixieren.
- Wie wäre es, wenn du das Maul der Fang-Kröten mit deinen Wasserfarben bunt anmalen würdest? Oder beklebe die Fang-Kröten mit verschiedenen Papierstückchen oder ausgestanzten Formen, das macht sie noch bunter und fröhlicher.

# PAPPENHEIMER

Hast du Lust, langweilige Pappbecher in kleine Pappenheimer zu verwandeln? Such dir aus, ob du die Maus oder eine andere abgebildete Figur nachbasteln möchtest. Oder hast du vielleicht eine ganz andere Idee? Eins ist sicher: Ein Pappenheimer macht immer eine gute Figur!

## BASTELIDEE: MÄUSCHEN

1. Mische die schwarze Wasserfarbe mit etwas Deckweiß, bis du einen schönen Grauton erhältst. Male mit der grauen Farbe den Pappteller an und warte, bis die Farbe trocken ist. Zeichne das Mausgesicht mit dem schwarzen Filzstift auf. Schneide aus dem schwarzen Papier eine Nase aus und klebe sie auf. Nimm die graue Pappe und schneide zwei runde Ohren aus. Fertige aus dem rosaroten Papier das Ohrinnere an, klebe es auf und befestige die Ohren an der Maus.

2. Schneide aus der grauen Pappe einen Schwanz aus und bringe ihn an der Rückseite des Pappbechers an. Aus dem gelben Papier schneidest du ein Dreieck aus. Stanze mit dem Locher einige Löcher und befestige deinen Papierkäse an der Maus.

## DAS BRAUCHEN WIR

Pappbecher (weiß), graue Pappe, Papier (schwarz, rosarot, gelb)

## HILFSMATERIAL

Wasserfarben, Malbecher mit Wasser, Pinsel, Deckweiß, Schere, schwarzer Filzstift, Kleber, Locher

## IDEEN FÜR DICH

**Platzzuweiser:** Bei der nächsten Feier oder Geburtstagsparty könntest du alle Gäste als Pappenheimer nachbasteln. Stelle dann die Pappenheimer auf den Tisch, jeden genau vor einen Sitzplatz. Wenn die Gäste sich dann als Pappenheimer gefunden haben, wissen sie sofort, wo sie sich hinsetzen können. Du könntest du unter jedem Pappenheimer eine kleine Überraschung (z. B. Glücksbringer, Schoko-Marienkäfer, Freundschaftsband ...) verstecken. Gibt es bei deiner Geburtstagsfeier auch kleine Schätze zu gewinnen? Dann ist ein umgedrehter Pappenheimer – am besten ohne Ohren – das perfekte Behältnis!

## BASTELTIPPS UND VARIANTEN

- Wenn deine Pappbecher nicht weiß sind, kannst du sie mit weißen Papierstückchen überkleben und mit Wasserfarben anmalen oder mit buntem Papier bekleben.
- Beim Anmalen des Pappbechers kannst du deine Faust in den Pappbecher stecken und ihn so festhalten. So kannst du geschickt den Pappbecher von allen Seiten bearbeiten.
- Entscheide, ob du Tiere oder doch vielleicht Menschen basteln möchtest. Bei allen Figuren gehst du gleich vor: Zuerst den Pappbecher anmalen, dann Gesicht aufzeichnen und Einzelheiten (Ohren, Schwanz, Haare ...) aufkleben. Natürlich kannst du auch Wolle, Garn, Knöpfe, Stoff usw. zum Basteln hernehmen.

# PARTYHÜTCHEN

Gibt es nicht immer wieder im Jahr etwas zu feiern? Oft würde man ein kleines Accessoire brauchen, um noch besser auf die Party zu passen. Wie wäre es denn mit diesen Pappbecher-Partyhütchen? Dafür brauchst du nicht viel Material. Sie sind schnell gebastelt und machen sich doch total gut. Oder etwa nicht? Mit diesem Partyhütchen wirst du die Blicke auf dich ziehen!

## BASTELIDEE: ROT-BLAUES PARTYHÜTCHEN

1. Male die untere Hälfte des Pappbechers mit roter Wasserfarbe an. Lasse einen dünnen Streifen aus und male die obere Hälfte des Pappbechers blau an. Warte, bis die Farbe trocken ist. Stanze mehrere weiße Punkte aus und klebe sie auf den rot angemalten Bereich.

2. Klebe die Papierschnipsel kreuz und quer über den blau bemalten Bereich. Wenn du kleinere Papierschnipsel auf etwas größere klebst, erhältst du tolle Farbeffekte.

3. Stich am unteren Rand vorsichtig mit deiner Schere ein Loch. Wiederhole das Gleiche genau auf der gegenüberliegenden Seite am unteren Rand. Schneide ein Stück Gummiband ab. Du solltest es einmal um deinen Kopf (auf und ab) spannen können und lang genug sein, um noch zwei Knoten zu machen. Ziehe das Gummiband durch die Löcher und binde es fest.

## DAS BRAUCHEN WIR

Pappbecher (weiß), Gummiband, Papier (weiß), Papierschnipsel

## HILFSMATERIAL

Wasserfarben, Malbecher mit Wasser, Pinsel, Kleber, Schere, Motivstanzer (rund)

## IDEEN FÜR DICH

**Geburtstagshütchen:** Bastle für alle Gäste doch ein Partyhütchen, damit deine Geburtstagsfeier noch bunter und festlicher wird! Ansonsten kannst du das Partyhütchen-Basteln auch in deine Feier verlegen: Die Gäste können sich nach Belieben ihr eigenes Hütchen gestalten! Wenn die Farbe schnell trocknen soll, könnt ihr einen Fön benutzen.

## BASTELTIPPS UND VARIANTEN

- Wenn deine Pappbecher nicht weiß sind, kannst du sie mit weißen Papierstückchen überkleben und mit Wasserfarben anmalen oder mit bunten Papierstückchen bekleben.
- Wenn du kein Gummiband hast, kannst du auch pro Loch ein Schnurstück festbinden, das Hütchen auf den Kopf setzen und die beiden Schnüre verknoten.
- Du kannst Papierschnipsel oder ausgestanzte bzw. ausgeschnittene Formen aufkleben, mit deinen Fingern, einem Korken (für größere Punkte) oder mit dem Pinselstiel Farbpunkte aufstempeln, Verzierungen mit einem Filzstift aufzeichnen oder die Pappbecher auch nur bunt mit Wasserfarben anmalen. Wenn du möchtest, kannst du zum Gestalten auch Wolle, Knöpfe, Dekosteinchen und so weiter verwenden.
- Die Pappbecher kann man am besten von allen Seiten anmalen, wenn man mit einer Hand eine Faust macht, diese dann in den Pappbecher drückt und mit der anderen Hand den Becher bearbeitet.

# GESCHICHTENROLLEN

Gibt es nicht wunderbare Geschichten? Über vornehme Prinzessinnen und gefährliche Seeräuber, über wilde Fußballspieler und unzertrennliche Freundinnen ... Geschichten sind einfach etwas ganz Besonderes. Noch besonderer werden sie, wenn man sich danach noch weiter damit beschäftigt: Vielleicht indem man etwas dazu zeichnet oder schreibt. Aber ist es nicht langweilig, Zeichnungen, Texte usw. immer irgendwo einkleben oder einlegen zu müssen? Ab jetzt nicht mehr! Denn nun kannst du deine gestalteten Geschichtenblätter einfach aufrollen und verstauen.

## BASTELIDEE: BUNTE GESCHICHTENROLLE MIT KLEINEN ZEICHNUNGEN

1. Nimm die Klopapierrolle und male sie mit Wasserfarben bunt an! Lass die Farbe trocknen!

2. Fertige auf dem weißen Papier verschiedene kleine Zeichnungen an und male sie mit Buntstiften an. Fahre die Ränder mit dem schwarzen Filzstift nach, damit man die Konturen besser erkennen kann.

3. Schneide die Figuren aus und klebe sie kreuz und quer über die Klopapierrolle. Nimm ein Stück Schnur, fädle ein Ende durch die Papprolle und knote dann die beiden Schnurenden zusammen. Wenn du ein Blatt Papier (mit Zeichnungen, einer Geschichte ...) zusammenrollst, in die von dir gestaltete Papprolle steckst und loslässt, passt sich das aufgerollte Papier genau der festen Papprolle an und fällt nicht heraus.

## DAS BRAUCHEN WIR

Klopapierrolle, Papier (weiß), Schnur

## HILFSMATERIAL

Wasserfarben, Malbecher mit Wasser, Pinsel, Bleistift, Buntstifte, schwarzer Filzstift, Kleber, Schere

## IDEEN FÜR DICH

**Zum Aufbewahren:** Du kannst besonders gelungene Geschichten oder Zeichnungen aufrollen und in der Geschichtenrolle aufbewahren.

**Gutscheine, Glückwünsche ... verpacken:** Die bunt gestalteten Papprollen lassen sich hervorragend als Verpackung für Gutscheine, Glückwünsche, Urkunden, Briefe usw. verwenden und geben ihnen das gewisse Etwas.

## BASTELTIPPS UND VARIANTEN

- Wenn du nur eine lange Papprolle hast, kann ein Erwachsener diese vorsichtig mit einer Schere oder einem Furniermesser auseinanderschneiden!
- Lass bei der Gestaltung der Geschichtenrollen deiner Fantasie freien Lauf! Du kannst die Rollen einfach kunterbunt gestalten, verschiedene Formen aufzeichnen, zu einer Geschichte passende Figuren herstellen, farbenfrohe Papierschnipsel aufkleben usw..
- Wie wäre es mit einem Mix aus verschiedenen Materialien (Wolle, Perlen, Knöpfe, Stoffreste, Pfeifenreiniger ...)?

# SCHLOSSBEWOHNER

Oh, pssst ... Schaut mal! Eine Prinzessin, ein König höchstpersönlich, Dichter, Jäger ... Eine ganze Schlossbewohner-Schar hat sich hier versammelt! Aber wo ist ihr Schloss? Vielleicht bastelst du das gleich noch mit dazu! Tore auf für diese lustige Schar!

## BASTELIDEE: SOLDAT

1. Nimm eine Papprolle und male sie komplett mit dunkelblauer Wasserfarbe an. Lass die Farbe gut trocknen!

2. Schneide aus dem hellrosaroten Papier einen Kopf aus. Zeichne mit dem schwarzen Filzstift ein Gesicht und klebe es auf die Rolle. Reiße etwas braunes Packpapier in kleine Stückchen und füge sie als Haare dazu.

3. Schneide aus dem Zeitungspapier eine helmartige Form, aus dem hellblauen Papier einen Gesichtsschutz und aus dem orangefarbenen Papier eine Feder aus. Zeichne mit dem schwarzen Filzstift einige vertikale Linien auf das Visier und Konturen auf die Feder. Klebe den Gesichtsschutz und zwei kleine, gelbe Punkte auf den Helm und befestige diesen am Soldaten. Fertige aus dem Papier einen Gürtel mit Schnalle an und klebe ihn auf. Schneide aus dem Zeitungspapier zwei Arme und aus dem hellblauen Papier zwei Hände aus, klebe sie zusammen und bringe sie am Körper des Soldaten an.

## DAS BRAUCHEN WIR

Papprollen, Papier (hellrosarot, hellblau, gelb, orange, schwarz), Zeitungspapier, braunes Packpapier

## HILFSMATERIAL

Wasserfarben, Malbecher mit Wasser, Pinsel, Schere, Kleber, schwarzen Filzstift

## IDEEN FÜR DICH

**Schloss bauen:** Baue mit alten Kartonen und Schachteln ein kleines Königreich für diese Bande und lass sie dort einziehen! Oder gehe in den Wald und baue dort deinen Schlossbewohnern ein tolles Schloss mit Waldmaterialien! Uhhhh, spannend! Sie fühlen sich darin bestimmt sehr wohl, versprochen!

**Sandburgen:** Am Strand lassen sich auch tolle Sandburgen bauen – und sie könnten wunderbar selbstgebastelte Bewohner gebrauchen! Da der Sand aber nass ist, eignen sich Papierbewohner nicht besonders. Wer Sandburgen-Bewohner basteln möchte, kann Figuren auf festem Karton aufzeichnen, sie anmalen, ausschneiden und auf kleine Holzstöckchen kleben. Die Figuren drückt man dann einfach mit dem Holzstöckchen in den Sand und fertig ist der fröhliche Hofstaat!

## BASTELTIPPS UND VARIANTEN

- Soldaten, Mägde, Dichter, Jäger, Pfarrer, Prinzessinnen, Könige – gestalte Papprrollen ganz nach deinem Geschmack um!
- Du kannst die Größe deiner Schlossbewohner anpassen, indem du einen Erwachsenen bittest, mit einem Furniermesser oder einer Schere die Papprollen zurechtzuschneiden.
- Verwende ruhig auch einmal andere Materialien (z. B. Stoffreste für die Kleidung, Wolle oder Garn für die Haare, Knöpfe ...)!
- Du möchtest nicht mit flüssiger Farbe arbeiten? Du kannst die Papprollen auch mit buntem Papier überkleben.

# BEOBACHTUNGSROHR

Orange, Braun, Rot, Gelb, Grün ... Die Natur hat so wunderschöne Farben, nicht wahr? Aber habt ihr euch das schon mal aus der Nähe angesehen? Hat ein gefärbtes Baumblatt vielleicht klitzekleine Punkte, Streifen in einem anderen Farbton oder sonstige Verzierungen? Mit diesen Beobachtungsrohren wirst du Sachen entdecken, die dir vorher nie aufgefallen sind ...

## BASTELIDEE: HELLBLAUES FERNROHR MIT BLÄTTERN

1. Beklebe beide Papprollen mit dem hellblauen Papier. Schneide dazu Papierstreifen zurecht, die gleich hoch wie deine Papprollen sind und von der Länge her einmal um die Rolle reichen. Bestreiche dann die Papierstreifen mit Kleber und drücke sich vorsichtig auf die Papprollen.

2. Zeichne auf dem grünen Papier viele kleine Blätter auf, schneide sie aus und klebe sie kreuz und quer über die Papprollen.

3. Bitte einen Erwachsenen, mit der Heißklebepistole den Korken zwischen den beiden Papprollen zu befestigen. Achtung: Der Korken muss eventuell mit einem Furniermesser abgeschnitten werden, damit er für deinen Augenabstand passt! Stich vorsichtig mit der Schere je ein Loch in die Außenseiten der Papprollen (am oberen Rand). Jetzt brauchst du die Schnur: Nimm ein Schnurende, fädle es durch das Loch und knote es fest. Mit dem anderen Schnurende machst du auf der anderen Seite genau das gleiche.

## DAS BRAUCHEN WIR

Zwei Papprollen, Papier (hellblau, grün), Schnur, Korken

## HILFSMATERIAL

Schwarzer Filzstift, Kleber, Schere, Heißklebepistole, eventuell Furniermesser

## IDEEN FÜR DICH

**Genau beobachten:** Nun geht es auf Entdeckungstour! Vielleicht kannst du ja mal eure Wohnung oder die Nachbarschaft genauer unter die Lupe nehmen? Siehst du mit deinem Beobachtungsrohr vielleicht Sachen, die dir vorher nie aufgefallen sind? Auch bei eurem nächsten Ausflug oder eurer Wanderung in der Natur ist es bestimmt sinnvoll, das Beobachtungsrohr mitzunehmen, um alles ganz genau begutachten zu können ...

## BASTELTIPPS UND VARIANTEN

- Wenn du keine kurzen Papprollen zur Verfügung hast, kann ein Erwachsener mithilfe eines Furniermessers oder einer Schere eine lange Papprolle vorsichtig zurechtschneiden.
- Du kannst selbst entscheiden, ob du ein einröhriges oder ein zweiröhriges Beobachtungsrohr basteln möchtest.
- Bemale deine Papprollen mit Wasserfarben, beklebe sie mit Papierstücken oder umwickle sie mit Wolle – Dir allein müssen sie gefallen!
- Mit Motivstanzern kannst du kleine Formen aus Papier ausstanzen und anschließend aufkleben.

# FASCHINGSNARREN

Kunterbunte Papierschlangen, frische Faschingskrapfen, tausende Konfettis, pralle Luftballons, lustige Kostüme: Willkommen in der Faschingszeit! Mit diesen Faschingsnarren wird die sonst schon bunte Zeit noch ein bisschen ... kunterbunter!

## BASTELIDEE: CLOWN

1. Nimm die Papprolle und male den oberen Bereich hellrosarot an. Lass die Farbe kurz trocknen! Bemale dann die restliche Papprolle mit Farben deiner Wahl kunterbunt. Lass die Farbe wiederum trocknen!

2. Schneide aus dem roten Papier eine Clown-Nase und aus dem orangefarbenen Papier Haarwölkchen aus und klebe sie auf. Zeichne auf das weiße Papier einen Mund und schneide ihn aus. Lass dabei etwas weißen Rand dran, damit du einen dicken Clown-Schmollmund erhältst. Zeichne mit dem schwarzen Filzstift dem Clown Augen auf, färbe ihm rote Wangen und schneide aus dem hellblauen Papier ein Hütchen aus. Klebe gelbe Papierpunkte darauf und befestige das Hütchen am Clown.

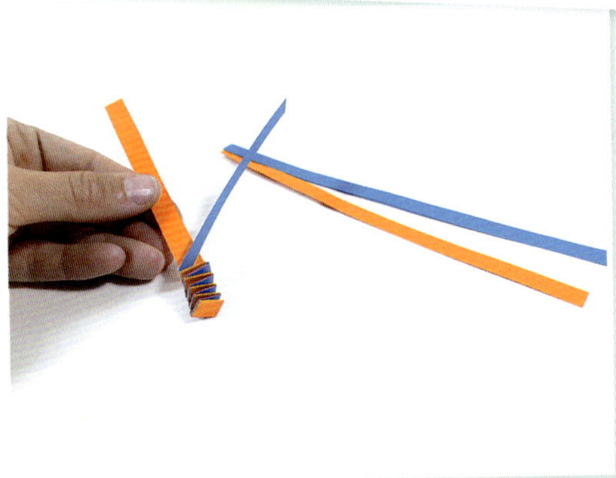

3. Jetzt braucht dein Clown noch Arme: Schneide insgesamt vier dünne Streifen (ca. 40 cm) vom orangen und hellblauen Papier ab. Nimm jeweils zwei Streifen und falte sie zu einer Hexentreppe zusammen. Klebe den Hexentreppen-Armen Hände an und befestige sie am Clown.

## DAS BRAUCHEN WIR

Lange Papprolle, Papier (weiß, grün, orange, rot, hellblau, gelb)

## HILFSMATERIAL

Wasserfarben, Malbecher mit Wasser, Pinsel, schwarzer Filzstift, rote Holz farbe, Schere, Kleber, Locher

## IDEEN FÜR DICH

**Faschingstisch-Deko:** Die Faschingsnarren machen sich sehr gut für einen kunterbunt dekorierten Faschingstisch.

**Andere Figuren basteln:** Wer sagt denn, dass man aus Papprollen nur Faschingsnarren gestalten kann? Papprollen lassen sich hervorragend in Weihnachtsgesellen (Rentier, Weihnachtsmann, Engelchen, Elfen), Ostertiere (Küken, Hase, Schaf), andere Tiere und Menschen usw. verwandeln.

## BASTELTIPPS UND VARIANTEN

- Wenn du keine langen Papprollen hast, kannst du natürlich auch kürzere Papprollen (z. B. von Klopapier) verwenden.
- Goldene Prinzessinnen-Löckchen erhältst du, indem du dünne, gelbe Papierstreifen auf einem Holzfarbstift aufwickelst und sie kurz andrückst.
- Im Handumdrehen kannst du aus Papprollen lustige Faschingsnarren basteln. Es müssen nicht Clowns, Prinzessinnen oder Indianer sein. Vielleicht hast du ja Lust Spider-Man, eine alte Hexe, einen Koch, eine zarte Fee oder einen fürchterlichen Seeräuber zu basteln?

# MINI-SCHATULLEN

Schaut her, schaut her! Ein liebevolles Monsterchen, ein gefährlicher Löwe und eine duftende Blume!
Alle haben etwas gemeinsam: Beim Basteln wurde ein Schraubverschluss verwendet, den man auf- und zudrehen kann! Natürlich kann man darin klitzekleine Sachen verstauen ...

## BASTELIDEE: MONSTERCHEN

1. Nimm den Bierdeckel und male diesen mit deinen Wasserfarben blau an. Bitte einen Erwachsenen, von einer Plastikflasche oder einer Tetrapackung vorsichtig den Schraubverschluss mit einer Schere oder einem Furniermesser abzutrennen. Bestreiche den unteren Rand des Verschlusses mit etwas Kleber und befestige ihn auf dem Bierdeckel.

2. Reiße vom gelben Papier einige Stückchen ab und bringe sie am Bierdeckel an. Nimm das orange Papier, reiße kleinere Stückchen ab und klebe sie auf die gelben Schnipsel. Schneide aus dem grünen Papier eine fransige Frisur aus, zeichne einige Haare ein und bringe diese ebenfalls am Bierdeckel an.

3. Zeichne dem Monsterchen einen Mund auf und klebe weiße, spitzige Papierzähne auf. Schneide aus dem weißen Papier außerdem ein rundes Auge aus, das ungefähr gleich groß ist wie der Schraubverschluss. Zeichne die Pupille auf und klebe das Auge auf den Deckel.

4. Bitte einen Erwachsenen, mit einer Schere am oberen Rand ein Loch zu stechen. Fädle ein Stück Schnur durch das Loch und knote es fest.

## DAS BRAUCHEN WIR

Bierdeckel, Schnur, Schraubverschluss, (von einer Plastikflasche oder von einer Tetrapackung), Papier (gelb, weiß, orange, grün)

## HILFSMATERIAL

Wasserfarben, Malbecher mit Wasser, Pinsel, Schere, Kleber, schwarzer Filzstift, Furniermesser

## IDEEN FÜR DICH

**Milchzahn-Depot:** In den niedlichen Schatullen kannst du deine verlorenen Milchzähne sammeln. Vielleicht findest du mit der Zahnfee ja einen Kompromiss, dass sie die verlorenen Zähne nicht unbedingt mitnehmen muss ...

## BASTELTIPPS UND VARIANTEN

- Wenn du keinen weißen Bierdeckel zum Basteln hast, kannst du einen bedruckten Bierdeckel mit weißer Acrylfarbe oder Deckweiß übermalen und dann ganz normal mit den Arbeitsschritten weitergehen.
- Wenn du keinen Bierdeckel hast, zeichnest du einfach einen Kreis auf feste Pappe, schneidest ihn aus und verwendest das Ganze wie einen Bierdeckel.
- Nicht alle Kleber sind für Plastik geeignet. Wenn du es nicht schaffst, den Schraubverschluss mit deinem Kleber auf dem Bierdeckel zu befestigen, kannst du den unteren Rand des Schraubverschlusses mit Seidenpapier überkleben und dann mit dem Kleber am Bierdeckel befestigen.
- Beim Löwen wurde der Bierdeckel auf die etwas größere Karton-Mähne geklebt. Die kleinen Kringel lassen die Mähne besonders wuschelig wirken.
- Du kannst die Schraubverschlüsse als Augen, aber auch als Tiernasen oder Blütenköpfe verwenden. Hast du noch andere Ideen?

# BLUMENSTECKER

Hallo, hallo, hallo! Das ist aber eine pfiffige Bande! Diese farbenfrohen Blumenstecker leisten euren Wohnungspflanzen bestimmt gute Gesellschaft. Oder was meinst du?

## BASTELIDEE: BÜBCHEN

1. Male den Bierdeckel hellrosarot an. Reiße das dunkelbraune Papier in kleine Stücke und klebe diese, sobald die Farbe trocken ist, am oberen Rand als Haare an. Zeichne dem Jungen ein Gesicht auf. Spitze den roten Buntstift an und verreibe das Farbpulver auf den Backen.

2. Schneide von der Wellpappe einen Streifen ab (30 x 5 cm zum Beispiel). Bitte einen Erwachsenen, mit Heißkleber einen Schaschlikspieß am Bierdeckel-Kopf anzukleben. Auch das Ende des Wellpappe-Streifens soll mit etwas Heißkleber am Schaschlikspieß befestigt werden. Rolle, sobald der Kleber getrocknet ist, den Wellpappe-Streifen zusammen. Zum Schluss soll die Wellpappe wieder mit Heißkleber fixiert werden.

3. Binde zwischen dem Bierdeckel-Kopf und dem Wellpappe-Körper eine Schnur fest. Links und rechts sollte die Schnur nach unten hängen. Schneide aus dem rosaroten Papier zwei Kreise aus, falte diese in der Mitte zusammen, bestreiche eine Innenseite mit Kleber, lege je ein Schnurende hinein und drücke die beiden Halbkreise zusammen.

## DAS BRAUCHEN WIR

Bierdeckel, Wellpappe, Schnur, Schaschlikspieß, Papier (dunkelbraun, rosarot)

## HILFSMATERIAL

Wasserfarben, Malbecher mit Wasser, Pinsel, Kleber, Schere, schwarzer Filzstift, Spitzer, rote Holzfarbe, Heißklebepistole

## IDEEN FÜR DICH

**Flaschen-Deko:** Wenn du den Blumenstecker nicht zu einer Pflanze stecken möchtest, kannst du auch eine hübsche Flasche mit etwas Sand oder Kies füllen und deine Figur hineinstecken.

**We are family**: Bastle doch alle Familienmitglieder nach der beschriebenen Methode. Fülle einen länglichen Blumentopf mit Kies oder Sand und stecke euch nach und nach hinein. Für deine Eltern kannst du die Schaschlikspieße in ihrer originalen Größe verwenden. Für dich und deine Geschwister brichst du die Spieße vorsichtig ab, um so unterschiedliche Größen zu erhalten.

## BASTELTIPPS UND VARIANTEN

- Wenn du keinen weißen Bierdeckel zum Basteln hast, kannst du einen bedruckten Bierdeckel mit weißer Acrylfarbe oder Deckweiß übermalen und dann ganz normal mit den Arbeitsschritten weitergehen.
- Wenn du keinen Bierdeckel hast, zeichnest du einfach einen Kreis auf feste Pappe, schneidest ihn aus und verwendest das Ganze wie einen Bierdeckel.
- Du hast keine Wellpappe? Oder es ist gerade kein Erwachsener da, der dir mit der Heißklebepistole helfen könnte? Dann schneide doch aus Karton ein Dreieck aus und gestalte es als Kleidungsstück oder Tierkörper. Im Anschluss befestigst du es einfach mit Klebestreifen am Schaschlikspieß – und fertig!

# HERBSTBÄUMCHEN

Der Herbst, der Herbst, der Herbst ist daaaaaaaaa! Das bedeutet, dass ihr nun endlich diese tollen Herbstbäumchen basteln könnt! Ganz bestimmt geben sie eine tolle herbstliche Dekoration ab, großes Ehrenwort! Und so haben wir ein bisschen „Herbst" (ganz ohne Wind und Sturm) auch in unseren feinen Häusern ...

## BASTELIDEE: HERBSTBÄUMCHEN

1. Male den Bierdeckel mit herbstlichen Farben an. Verwende etwas mehr Wasser, sodass die Farben ineinanderlaufen und du schöne Farbmuster erhältst. Male, sobald die Farbe trocken ist, viele Blätter auf die eingefärbte Fläche.

2. Schneide aus dem braunen Papier einen Baumstamm mit Ästen aus und befestige ihn am angemalten Bierdeckel.

## DAS BRAUCHEN WIR

Bierdeckel, Papier (braun)

## HILFSMATERIAL

Wasserfarben, Malbecher mit Wasser, Pinsel, Schere, schwarzer Filzstift, Kleber

## IDEEN FÜR DICH

**Baumdekoration:** Fertige verschieden große Herbstbäumchen an. Ordne sie der Größe nach und befestige (aufhängen oder ankleben) sie an einem Fenster oder an der Wand.

**Karte:** Wenn du dein Herbstbäumchen nicht als Wohnungsdekoration verwenden möchtest, kannst du es auch auf eine weiße Karte kleben und als Glückwunschkarte verwenden.

## BASTELTIPPS UND VARIANTEN

- Wenn du keinen weißen Bierdeckel zum Basteln hast, kannst du einen bedruckten Bierdeckel mit weißer Acrylfarbe oder Deckweiß übermalen.
- Du hast keinen Bierdeckel? Zeichne auf fester Pappe einen Kreis auf und schneide ihn aus.
- Für die Baumstämme eignen sich auch Wellpappe, brauner Karton, Buchseiten ...
- Zum Aufhängen der Herbstbäumchen stichst du mit der Schere vorsichtig ein Loch und fädelst eine Schnur durch. Du kannst sie auch gut mit Klebestreifen-Röllchen an der Wand oder an den Fenstern befestigen.
- Wenn du den braunen Papierstamm verstärken möchtest, kannst du ihn zusätzlich auf feste Pappe kleben.
- Um deine Baumkrone zu gestalten, könntest du auch am Bierdeckelrand entlang mit einer Schere wellig schneiden oder zusammengeknüllte Papierstückchen (orange, gelbe, braune ...) aufkleben.
- Falls du nicht mit flüssiger Farbe arbeiten möchtest, kannst du rotes, oranges, gelbes, grünes und braunes Papier in Stückchen reißen und damit die Baumkrone überkleben. Alternativ kannst du allerdings auch Herbstblätter auf dem Papier aufzeichnen, diese dann ausschneiden und am Bierdeckel befestigen.

# SMILEYS

Schau dir mal die beiden Smileys an. Einer von ihnen ist glücklich und einer ist traurig! Das kann man genau an ihrem Mund erkennen: Die Mundwinkel können nach oben (glücklich) oder nach unten (traurig) zeigen. Überlege dir, wie sich dein Smiley fühlen könnte: Ist er glücklich oder traurig oder vielleicht amüsiert, verzweifelt oder doch etwas verwirrt?

## BASTELIDEE: TRAURIGER SMILEY

1. Male den Bierdeckel mit gelber Wasserfarbe an. Zeichne, sobald die Farbe trocken ist, einen traurigen Mund auf. Nimm das weiße Papier doppelt, schneide es kreisförmig aus, male die Pupillen auf und klebe die Augen fest.

2. Mache mit dem Locher drei Löcher am oberen Rand. Schneide einige Garnfäden ab, sammle sie zu einem Bündel und falte sie in der Mitte. Fädle sie, mit der geschlossenen Seite voraus, durch das Loch. Stecke dann die Schnurenden in die so entstandene Schlinge und ziehe sie fest. Wiederhole das, bis du alle Löcher mit Haaren gefüllt hast.

3. Spitze den roten Buntstift an und verreibe das Farbpulver auf den Backen des Smileys.

## DAS BRAUCHEN WIR

Bierdeckel, Papier (weiß), Garn (blau)

## HILFSMATERIAL

Wasserfarben, Malbecher mit Wasser, Pinsel, schwarzer Filzstift, Locher, rote Holzfarbe, Spitzer

## IDEEN FÜR DICH

**Gefühlskonferenz als Ritual:** Es tut immer wieder gut, am Abend den Tag nochmals Revue passieren zu lassen und sich zu überlegen, was war an diesem Tag gut, was war weniger gut, was ist mir gelungen, was sollte ich ändern! Dafür kannst du diese Smileys verwenden. Stelle mehrere Smileys mit unterschiedlichen Gefühlsausdrücken her. Lege sie auf den Boden oder den Tisch und betrachte sie gemeinsam mit deinen Eltern und Geschwistern. Jeder darf sich einen Smiley aussuchen und dazu berichten (z. B. Mama nimmt den traurigen Smiley und sagt: „Heute war ich traurig, als mir die schöne, blaue Vase zerbrochen ist." Dann nimmt Mama noch den überraschten Smiley und sagt: „Ich war sehr überrascht, als ich am Balkon ein kleines Schwalbennest entdeckt habe.") Diese kleine Gefühlskonferenz kann man als Ritual nach dem Abendessen oder kurz vor dem Zu-Bett-Gehen einführen.

## BASTELTIPPS UND VARIANTEN

- Wenn du keinen weißen Bierdeckel zum Basteln hast, kannst du einen bedruckten Bierdeckel mit weißer Acrylfarbe oder Deckweiß übermalen.
- Du hast keinen Bierdeckel? Zeichne auf fester Pappe einen Kreis auf und schneide ihn aus.
- Entscheide selbst, wie viele Haarbüschel dein Smiley bekommen soll. Eins, zwei oder drei? Oder vielleicht ist er ja ein haarloser Smiley oder hat lustige Papierhaare?
- Warum müssen Smileys denn immer gelb sein? Male sie doch in deiner Lieblingsfarbe an oder beklebe sie mit buntem Papier!

# RIESENSCHNECKEN

Wenn sich der Winter so langsam verabschiedet, trauen sich Schnecken wieder aus ihren Verstecken, kriechen gemächlich über die sonnenwarmen Gartenwege und freuen sich bereits auf den knackigen Frühsalat in den Beeten. Vielleicht verirren sich ja dieses Jahr solche Schnecken in eure Wohnung? Ihr könnt euch sicher sein: Diese Riesenschnecken hinterlassen keine Schleimspuren, knabbern auch nicht an den Pflanzen und verbreiten einfach nur Freude!

## BASTELIDEE: GELB-ORANGE-GRÜNE SCHNECKE

1. Reiße das bunte Papier in kleine Stückchen. Bestreiche dann immer wieder ein Stück mit Kleber und beklebe damit die Chipsrolle.

2. Nimm das weiße Papier doppelt, schneide zwei Augen aus und male die Pupillen auf. Klebe sie fest und zeichne der Schnecke einen Mund auf. Schneide aus dem roten Papier zwei runde Backen aus und klebe sie auf. Schneide aus der Pappe noch zwei Fühler aus, biege den unteren Rand nach hinten, bestreiche ihn mit etwas Kleber und drücke ihn an der richtigen Stelle fest.

3. Für das Schneckenhaus schneide aus der festen Pappe eine ovale Form aus und biege den unteren Rand nach hinten. Mache in den unteren Rand vorsichtig einige vertikale Schnitte. Zeichne dann mit dem Bleistift eine Spirale auf. Nimm das dunkelgrüne Papier, reiße es in kleine Stückchen und knülle diese zusammen. Bestreiche die Spiralform nach und nach mit Bastelleim und klebe die zusammengeknüllten Papierbällchen fortlaufend auf. Biege vom umgeknickten Rand abwechselnd ein Stück nach vorne, ein Stück nach hinten und so weiter. Gib auf die Unterseite der umgeknickten Laschen etwas Kleber und drücke das Schneckenhaus auf den kunterbunten Schneckenkörper. Bitte abschließend noch einen Erwachsenen, dir auf der Rückseite der Chipsrolle den Korken mit Heißklebepistole zu fixieren, damit die Schnecke nicht umfällt.

## DAS BRAUCHEN WIR

Chipsrolle, Papier (weiß, gelb, hellgrün, orange, rot, dunkelgrün), feste Pappe, Korken

## HILFSMATERIAL

Kleber, Bastelleim, Bleistift, Schere, schwarzer Filzstift, Heißklebepistole

## IDEEN FÜR DICH

**Dekoration:** Du kannst die Schnecken als Dekoration bei euch in der Wohnung oder zwischen euren Wohnungspflanzen aufstellen.

**Platz für kleine Schätze:** Öffne die Chipsdose und verstecke darin Sachen, die niemand anderes zu sehen braucht! Wer würde denn schon ausgerechnet in einer Schnecke nachsehen?

## BASTELTIPPS UND VARIANTEN

- Für das Bekleben der Spiralform eignet sich am besten Bastelleim in einer Flasche mit „Schnabel", mit dem du sehr präzise den Kleber auftragen kannst! Wenn du keinen Bastelleim hast, verwende normalen Kleber. Trage ihn nach und nach auf, damit er auf der Pappe nicht austrocknet und klebefähig bleibt.
- Für stabilere Fühler klebst du sie auf etwas Pappe oder nimmst das Papier doppelt.
- Du kannst die Schneckenkörper statt mit Papierstückchen natürlich auch mit Zeitungspapier oder einfarbigem Packpapier bekleben. Keine Lust Papier zu reißen? Dann beklebe den Schneckenkörper mit einem weißen Blatt und male ihn mit Wasserfarben an.
- Für das Spiralmuster auf dem Schneckenhaus kannst du auch Papierschnipsel, Perlen, Steinchen ... verwenden. Oder du malst das Schneckenhaus mit Wasserfarben an und stempelst die Spiralform mit etwas Deckweiß oder einer anderen Farbe mit deinem Finger oder mit einem Ohrenstäbchen.

# PFLANZENFRISUREN

Oh, oh, oh! Diese Lauser haben leicht schmunzeln! Wer würde denn bei so einer stylischen Pflanzenfrisur nicht bis über beide Ohren grinsen?

## BASTELIDEE: WOLLUMWICKELTE CHIPSROLLE

1. Schneide vom rosaroten Papier einen Streifen ab und klebe ihn einmal am oberen Rand um die Chipsrolle. Nimm das rosarote Papier doppelt, schneide Ohren aus, biege den inneren Rand um, bestreiche ihn mit Kleber und befestige die Ohren an der Chipsrolle. Schneide aus dem weißen Papier Augen aus, zeichne Pupillen auf und klebe sie fest. Zeichne mit dem schwarzen Filzstift Nase und Mund.

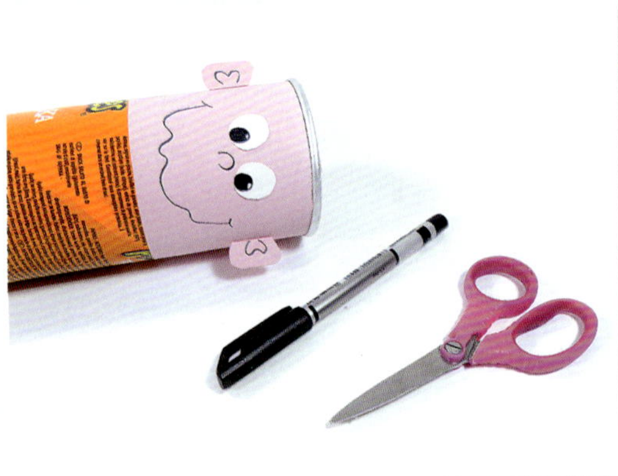

2. Bestreiche nun nach und nach den restlichen Teil der Chipsrolle mit Kleber und umwickle sie dann mit der Wolle.

3. Nimm die Holzperlen und befestige sie am umwickelten Bereich. Schneide aus dem rosaroten Papier vier gleich breite und lange Streifen aus. Nimm jeweils zwei und falte sie so übereinander, dass du eine Hexentreppe erhältst. Befestige die Enden und klebe je eine Hand auf. Befestige beide Arme an der Chipsrolle.

## DAS BRAUCHEN WIR

Chipsrolle, Papier (rosarot, weiß), Wolle, Holzperlen

## HILFSMATERIAL

Schere, Kleber, schwarzer Filzstift

## IDEEN FÜR DICH

**Welche Frisur?** Entscheide dich, welche Frisur deine Chipsdose genau haben soll. Soll ihr vielleicht eine Blume, ein Kaktus oder eine andere merkwürdige Pflanze aus dem Kopf wachsen? Wenn du keine echte Pflanze hineinsetzen möchtest, kannst du selber kreativ sein und dir aus grünem Papier eine Pflanze selbst basteln.
**Tolles Geschenk:** Du kannst einen solchen Lauser mit Pflanzenfrisur auch gut verschenken! Ich bin mir sicher, dass er bei deiner Mama, einer Tante, einer Oma ... gut ankommen und sie zum Schmunzeln bringen würde!

## BASTELTIPPS UND VARIANTEN

- Und jetzt? Suche dir eine Pflanze aus, die in einem Töpfchen steht, das in die Chipsrolle hineinpasst. Fülle die Chipsrolle mit einer Klopapierrolle, einer Schaumgummirolle, einem Plastikbecher, kleinen Steinchen oder Ähnlichem (je nach Höhe des Blumentopfes), sodass der Pflanzentopf daraufgestellt werden kann und nicht nach unten rutscht! Also kurz: Chipsrolle füllen, Pflanzentopf reinstellen und den Anblick des pfiffigen Männchens genießen!
- Du kannst die Chipsrolle auch mit verschiedenen Stoffresten oder Papieren bekleben! Toll wird sie auch, wenn du unterschiedliche Materialien (z. B. Papierschnipsel, Knöpfe ...) zum Gestalten verwendest!
- Kleinere und größere Chipsdosen, aber auch Müslidosen und auch andere dosenförmige Verpackungen eignen sich wunderbar dafür.

# SPARTIERE

Nach einem langen Sommer mit vielen Schwimmbadbesuchen, leckerer Eiscreme und Freizeitparktagen wird es im Herbst wieder Zeit, Taschengeld zu sparen! Das geht viel leichter, wenn du dir ein Spartier bastelst, welches auf deine Scheine und Münzen ganz verlässlich aufpasst!

## BASTELIDEE: SPARFUCHS

1. Reiße das Zeitungspapier in kleine Stückchen, bestreiche sie mit Kleber und bedecke damit die gesamte Chipsrolle.

2. Zeichne einen Kreis auf das Stück Pappe, schneide ihn aus und überklebe ihn mit Zeitungsschnipseln. Was übersteht, schneidest du ab. Schneide aus dem orangen Papier eine dreieckähnliche Form und zwei Ohren, aus dem weißen Papier zwei Augen und aus dem braunen Papier eine runde Nase aus und klebe alle Teile an den Kreis. Zeichne Pupillen und Mund auf! Gestalte die Ohren wie im Foto und bitte einen Erwachsenen, den Kopf mit Heißkleber am Chipsdosen-Boden anzubringen.

3. Der Erwachsene ritzt mit dem Furniermesser eine Öffnung zum Geldeinwerfen in die Chipsrolle. Für den Knopfverschluss nimmst du einen Knopf und ein Stück Schnur (10cm). Fädle die Schnurenden durch je ein Knopfloch und ziehe die Schnur fest. Wiederhole das mit dem zweiten Knopf. Nun hängen beide Knöpfe zusammen. Mache jetzt einen Knoten! Achte darauf, dass du die Knöpfe nicht zu fest zusammenbindest! Das Gleiche machst du für einen zweiten Knopfverschluss.

4. Bitte den Erwachsenen, den Korken der Länge nach mit dem Furniermesser auseinanderzuschneiden und beide Korkenteile (mit der flachen Seite nach unten) als Füße mit Heißkleber anzukleben.

5. Bitte wiederum einen Erwachsenen, dir einen Knopfverschluss auf dem Deckel und den anderen etwas daneben auf der Chipsrolle zu

## DAS BRAUCHEN WIR

Chipsrolle, Korken, feste Pappe, Papier (weiß, orange, dunkelbraun), Zeitungspapier, vier Knöpfe, Schnur

## HILFSMATERIAL

Kleber, Schere, Furniermesser, Heißklebepistole, schwarzer Filzstift

befestigen. Bringe ein Stück Schnur (ca. 15 cm) genau auf der anderen Seite des Knopfverschlusses an, um die Dose zu verschließen.

## IDEEN FÜR DICH

**Geld sparen:** Taschengeld, Geldgeschenke und so weiter sind das perfekte Futter für die Spartiere! Dazu die Münzen und Scheine in die Öffnung stecken und in die Chipsrolle fallen lassen. Wenn du Geld benötigst, öffnest du den Verschluss und entfernst den Deckel. Danach steckst du ihn wieder auf die Dose und wickelst die Schnur um die Verschlüsse.

## BASTELTIPPS UND VARIANTEN

- Zu allererst: Gründlich reinigen! Da Chips ja bekanntlich in richtig viel Fett herausgebraten werden, ist es wichtig, die Chipsrolle vor der Bearbeitung sorgfältig mit einem feuchten Tuch zu säubern!
- Du kannst die Chipsrolle auch mit einem weißen Papier überkleben und anschließend mit Wasserfarben bunt anmalen oder die Chipsrolle mit Zeitungs- oder Packpapierstückchen bedecken.
- Um einen schön runden Kreis zu erhalten, kannst du eine runde Form (z. B. Trinkglas) als Schablone verwenden. Auch einen angemalten oder mit Papier überklebten Bierdeckel kannst du gut als Kopf verwenden.
- Wenn du die gestalteten Chipsrollen nicht als Spartiere hernimmst und also keine schweren Münzen darin verstaust, musst du nicht unbedingt einen Knopfverschluss anbringen! Wenn leichte Sachen (z. B. Briefe, Sticker, Briefmarken, Eintrittskarten ...) hinein wandern, genügt es, die Chipsrolle einfach wie üblich zuzudrücken.

# WEIHNACHTSROLLEN

Warum immer Geschenkverpackungen kaufen, wenn man ganz einfach aus Abfall einzigartige Verpackungen selbst basteln kann? Egal ob Rentier, Weihnachtsmann, Pinguin oder deine eigene Kreation: Diese Geschenkrollen erfreuen ganz bestimmt!

## BASTELIDEE: WEIHNACHTSMANN

1. Schneide vom rosaroten Papier (Gesicht) einen Streifen ab, gib etwas Kleber darauf und befestige ihn am oberen Rand der Rolle. Reiße das rote Papier in kleine Stückchen, bestreiche diese nach und nach mit Kleber und klebe sie auf die Chipsrolle.

2. Schneide aus dem weißen Papier zwei runde Augen aus, zeichne die Pupillen auf und klebe sie fest. Zeichne mit dem schwarzen Filzstift dem Weihnachtsmann eine Nase. Reiße das Zeitungspapier in kleine Stückchen und klebe sie als wuscheligen Bart und Haare um das Gesicht. Zerknülle noch einige weiße Papierstückchen und klebe sie auf den Bart.

3. Schneide aus dem roten Papier eine Weihnachtsmütze aus und bringe an ihrer Spitze einen dicken Punkt aus Zeitungspapier an. Klebe die Mütze am Deckel der Chipsrolle fest. Wenn du möchtest, klebst du noch einen kleinen, gelben Papierstern darauf. Schneide von der Wellpappe einen dünnen Streifen (= Gürtel) ab und klebe ihn auf. Bastle zum Schluss aus dunkelbraunem Papier und Wellpappe eine Gürtelschnalle und bringe diese am Gürtel an!

## DAS BRAUCHEN WIR

Chipsrolle, Papier (weiß, rosarot, rot, dunkelbraun, gelb), Zeitungspapier, Wellpappe

## HILFSMATERIAL

Schere, Kleber, schwarzer Filzstift

## IDEEN FÜR DICH

**Packpapier und Zeichnungen:** Du kannst die Chipsrolle auch mit einem Packpapier überkleben und Zeichnungen, Figuren oder Papierformen anbringen.
**Geschenkverpackung:** Rolle gestalten, mit Geschenken füllen, verschließen und verschenken! Auch wenn du Gutscheine, Zeichnungen, selbstgeschriebene Texte und Ähnliches verschenken möchtest, kannst du sie aufrollen und in die Rolle stecken! Achte aber darauf, dass deine Chipsrolle innen schön sauber ist!

## BASTELTIPPS UND VARIANTEN

- Du kannst für den Bart des Weihnachtsmannes auch Watte verwenden und aufkleben.
- Die Mütze machst du stabiler, indem du roten Karton verwendest oder das rote Papier auf Pappe klebst.
- Solltest du es mit deinem Kleber nicht schaffen, die Mütze am Deckel zu befestigen, kannst du zuerst einige kleine Stückchen Seidenpapier mit deinem Kleber am Deckelrand befestigen und dann die Mütze darauf kleben.
- Du kannst die Chipsrolle, wie oben beschrieben, mit kleinen Papierstücken nach und nach überkleben oder einen zusammenhängenden Papierstreifen um die Rolle kleben.
- Beim Rentier und beim Pinguin gehst du genauso vor wie beim Weihnachtsmann. Beim Rentier bringst du zum Schluss die Hörner und Ohren und beim Pinguin eine orange Fransenfrisur am Deckel der Chipsrolle an.

# EINLADUNGEN

Kennst du das? Dein Geburtstag steht vor der Tür, alles ist für die Party schon perfekt geplant und hergerichtet, aber bei den Einladungen kommst du einfach nicht weiter! Nicht verzagen, das Bastelbuch fragen! Aus etwas festem Karton und Wasserfarbe zauberst du im Handumdrehen originelle Einladungen, die sich sehen lassen können!

## BASTELIDEE: FROSCH-EINLADUNG

1. Male mit Wasserfarben den festen Karton an. Verwende dafür verschiedene Grün- und Gelbtöne. Lass die Farbe gut trocknen.

2. Zeichne auf der gerade grün bemalten Fläche einen runden Kopf auf und schneide ihn aus. Zeichne auf dem weißen Papier zwei runde Augen, schneide sie aus und klebe sie fest. Wenn du möchtest, kannst du die Augen nochmals auf Pappe kleben oder die Pappe selbst verwenden, wenn diese weiß ist.

3. Zeichne dem Frosch mit dem roten Filzstift einen freundlichen Mund. Reiße das dunkelgrüne Papier in kleine Stücke und klebe diese auf die Froschwangen. Nimm nun ein kleines, rechteckiges Stück grünes Papier und schreibe die wichtigsten Einzelheiten zu deiner Party darauf. Rolle das Papier zusammen und binde es mit der Schnur fest. Befestige das Papierröllchen mit etwas Klebestreifen am Frosch.

## DAS BRAUCHEN WIR

Fester Karton, Papier (weiß, dunkelgrün), Schnur

## HILFSMATERIAL

Wasserfarben, Malbecher mit Wasser, Pinsel, Schere, schwarzer und roter Filzstift, Klebestreifen, Kleber

## IDEEN FÜR DICH

**Verschiedene Motive:** Natürlich müssen es nicht unbedingt Tiermotive sein! Die Einladungen kannst du super ans Thema deiner Party anpassen: Egal ob Prinzessinnen, Superhelden, Autos usw. – deine Bastelei wird immer ein toller Hingucker sein!

**Tischdekoration:** Mach doch einige Motive mehr und dekoriere mit ihnen deinen Geburtstagstisch!

## BASTELTIPPS UND VARIANTEN

- Als festen Karton bieten sich alte Cornflakes-Boxen, Nudelschachteln, feste Briefumschläge, Schuhschachteln, die letzte Seite von Collegeblöcken ... an. Wenn sie nicht auf beiden Seiten einfarbig sind, überklebst du die bedruckte Seite einfach mit weißem Papier – fertig!
- Die Papierröllchen mit den genauen Informationen kannst du auf deinen Einladungen mit etwas Klebestreifen anbringen, mit einem Stück Schnur anbinden oder mit einer kleinen Holzklammer befestigen.
- Die Kombination Wasserfarbe und buntes Papier eignet sich für das Gestalten der Einladungen bestens. Natürlich kannst du auch andere Materialien zum Verzieren deiner Einladungen verwenden.
- Fahre Einzelheiten mit einem schwarzen Filzstift nach, um diese besser sichtbar zu machen.
- Wenn du nicht mit flüssiger Farbe arbeiten möchtest, überklebst du die Pappe einfach mit buntem Papier.

# SCHNAPPTIERE

Achtung, Achtung, aufgepasst! Auf dieser Seite gibt es schnappende Schnapptiere, die nach allem schnappen, das schnappbar ist ... Schnapp, schnapp!

## BASTELIDEE:

1. Schneide aus dem festen Karton ein Rechteck und zwei schmale Streifen aus! Falte das Karton-Rechteck in der Mitte und bemale diese Teile mit Wasserfarbe auf beiden Seiten. Lass die Farbe trocknen!

2. Schneide zwei ovale Augen aus dem weißen Papier aus, klebe sie auf ein Stück Karton, male die Pupillen auf und schneide sie aus. Falte den unteren Rand der Augen nach hinten. Wenn du weißen Karton verwendet hast, kannst du die Pupillen direkt mit dem schwarzen Filzstift aufzeichnen. Gib etwas Kleber auf den zurückgebogenen Teil der Augen und bringe sie am Schnapptier an. Reiße das gelbe Papier in Stückchen und klebe sie auf.

3. Verbiege nun die beiden angemalten Kartonstreifen so lange, bis sie weich werden und leicht nachgeben. Nimm nun dein Schnapptier in deine geschicktere Hand (also Linkshänder in die linke, Rechtshänder in die rechte Hand). Die Faltlinie des Schnapptiers sollte dabei genau zwischen deinem Daumen und Zeigefinger sein und diesen Bereich berühren. Bitte nun einen Erwachsenen die Kartonstreifen mit der Klebepistole anzukleben: An der Unterseite sollte der Kartonstreifen so angebracht werden, dass dein Daumen hinein passt. An der Oberseite kannst du selbst entscheiden, ob du nur mit dem Zeigefinger bzw. mit den restlichen vier Fingern in der Schlaufe Platz haben möchtest.

## DAS BRAUCHEN WIR

Fester Karton, Papier (weiß, gelb)

## HILFSMATERIAL

Wasserfarben, Malbecher mit Wasser, Pinsel, Schere, Heißklebepistole, Kleber

## IDEEN FÜR DICH

**Miniplayback-Show:** Vielleicht hast du ja Lust, eine kleine Miniplayback-Show zu organisieren, bei der deine Schnapptiere als große Sänger im Rampenlicht stehen und zur Musik ihr Maul öffnen und schließen!
**Einsatzmöglichkeiten:** Verwende deine Schnapptiere als Handpuppen, um Sachen zu transportieren, um Menschen anzuknabbern ...

## BASTELTIPPS UND VARIANTEN

- Für den festen Karton kannst du alte Cornflakes-Boxen, Nudelschachteln, feste Briefumschläge, Schuhschachteln, die letzte Seite von Collegeblöcken ... verwenden.
- Als Schablone für das Rechteck eignet sich ein Buch oder eine andere rechteckige Form, die du nachzeichnest. Dann das Rechteck einfach ausschneiden.
- Verziere deine Schnapptiere nach Lust und Laune! Verpasse ihnen lustige Augenbrauen, Zungen, Frisuren, bunte Flecken, Zähne und und und!

# PAPPE-BÜCHLEIN

Von außen schauen die Büchlein relativ normal aus, aber in ihrem Inneren können sich ewiglange Briefe, spannende Geschichten und unendliche Listen verstecken. Ihr schüttelt den Kopf und fragt euch, wie das denn Platz haben soll? Die Lösung findet ihr bei den Bastelschritten ...

## BASTELIDEE: BÜCHLEIN MIT KATZE

1. Schneide vom festen Karton einen Streifen ab, etwa 5 x 15 cm oder 10 x 20 cm. Biege diesen genau in der Mitte der längeren Seite und streiche mit Druck über die Faltlinie. Öffne den Kartonstreifen wieder. Reiße das bunte Papier in kleine Stücke, die du aufklebst, bis eine Seite des Kartonstreifens bedeckt ist. Zeichne eine Katze auf das Packpapier, schneide sie aus und klebe sie auf den Kartonstreifen. Befestige auf ihrem Fell einige Stückchen Zeitungspapier.

2. Für den Verschluss nimmst du einen der beiden Knöpfe und ein Stück Schnur (ca. 10 cm). Fädle beide Schnurenden durch je ein Knopfloch und ziehe die Schnur fest. Genauso beim zweiten Knopf. Nun hängen beide zusammen. Mache jetzt einen Knoten! Achte darauf, dass du die Knöpfe nicht zu fest zusammenbindest!

3. Schließe den Kartonstreifen wieder und lege ihn (mit der Katze oben) vor dich. Bitte einen Erwachsenen, den Knopfverschluss rechts von der Katze zu befestigen. Sobald der Kleber getrocknet ist, muss auf der Rückseite noch ein Stück Schnur (ca. 10 cm) mit etwas Heißkleber am linken Rand befestigt werden. Wenn du die Schnur einige Male um den Knopfverschluss auf der Vorderseite wickelst, bleibt das Büchlein zu.

4. Miss mit einem Lineal die Breite des Büchleins. Fertige in dieser Breite aus beigem Papier einige Streifen an, die du mit Klebestreifen der Länge nach aneinander heftest. Öffne nun das Büchlein und verteile Kleber auf einer Innenseite. Drücke dann den oberen Teil deines Papierstreifens dort fest und falte ihn wie eine Ziehharmonika zusammen, sodass er in deinem Büchlein Platz hat.

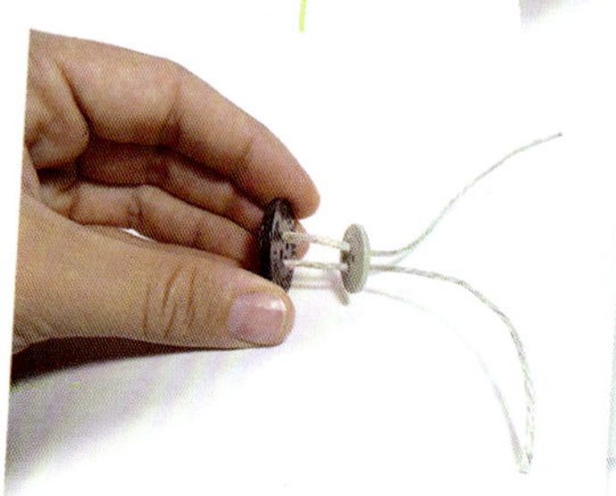

## DAS BRAUCHEN WIR

Fester Karton, zwei Knöpfe, Schnur, Papier (weiß, beige, orange, rosa, hellblau, rot, gelb), Zeitungspapier und braunes Packpapier

## HILFSMATERIAL

Kleber, Heißklebepistole, Schere, Klebestreifen, schwarzer Filzstift, Bleistift, Lineal

## IDEEN FÜR DICH

**Sei kreativ:** Die Büchlein kannst du super individuell gestalten, wie du möchtest füllen und sie für verschiedenste Anlässe verwenden. Hier einige Beispiele:

- verschiedene Zeichnungen zu einem Thema machen
- „10 Sachen, die ich an dir mag"
- „Danke, dass du ..."
- Glückwunsch-Sammlung zum Geburtstag
- „Meine Lieblingsmomente gemeinsam mit dir"
- Gedichte, Zeichnungen und Komplimente zum Muttertag/Vatertag
- Fotos einkleben

## BASTELTIPPS UND VARIANTEN

- Am besten halten die Papierstückchen, wenn du sie über den Rand des Kartonstreifen biegst und festklebst.
- Wer den Kartonstreifen nicht mit Papierstückchen bekleben möchte, kann ihn mit einem einzigen Papier überziehen. Schneide dieses in etwa auf die Größe des Kartonstreifens zurecht. Verteile auf einer Seite des Kartonstreifens Kleber, lege das Papier darauf und streiche es fest. Falte die überstehenden Papierreste nach innen und klebe sie fest!
- Motivpapier oder alte Buchseiten geben deinem Büchlein einen besonders originellen Stil.
- Wenn dein Büchlein mehr Seiten beinhalten soll, kannst du natürlich auch mehrere Seiten in Streifen schneiden, aneinanderkleben und diese verwenden.

# FINGERPUPPEN

Schau mal, welch lustige Fingerpuppen sich hier auf dieser Seite versammelt haben und auf Spielkameraden warten: eine Kuh, ein Lama, ein Monster ... Ja sogar ein Hai hat es sich hier gemütlich gemacht! Hast du vielleicht auch Lust zum Fingerpuppen-Basteln bekommen? Ran an Pappe und Papier, und dann heißt es: Fingerpuppen auf die Fingerkuppen und – LOOOOOOOS!

## BASTELIDEE: KUH-FINGERPUPPE

1. Schneide aus dem festen Karton ein kleines Rechteck aus und runde mithilfe deiner Schere den oberen Teil ab. Verteile auf dieser Form gleichmäßig Kleber, lege sie auf das braune Packpapier und drücke sie fest. Überstehende Papierreste schneidest du ab.

2. Reiße weißes Papier in kleine Stückchen und klebe sie auf. Schneide aus rosarotem Papier eine Schnauze, aus beigem Papier die Hörner und aus dem braunen Packpapier die Ohren aus und klebe alles fest. Zeichne mit dem schwarzen Filzstift der Kuh Augen und Nasenlöcher.

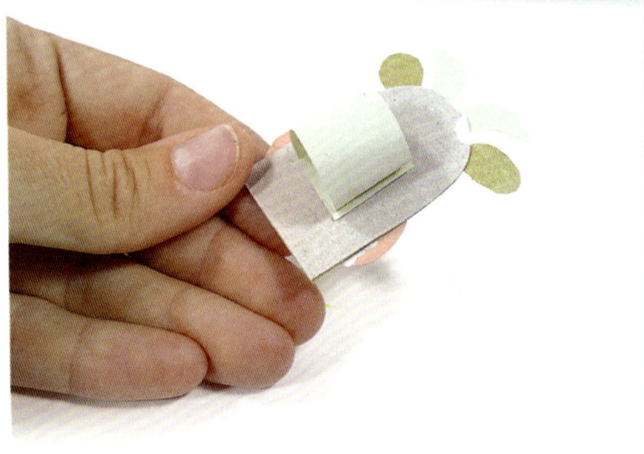

3. Drehe die Kuh um. Schneide einen Papierstreifen (ca. 1 cm x 4 cm) aus und rolle ihn auf, sodass dein Finger darin genau Platz hat. Fixiere die Enden des Papierstreifens mit Kleber. Befestige das Papierröllchen auf der Rückseite der Kuh und schon ist deine Fingerpuppe fertig!

## DAS BRAUCHEN WIR

Fester Karton, Papier (weiß, beige, rosarot), braunes Packpapier

## HILFSMATERIAL

Kleber, Schere, schwarzer Filzstift

## IDEEN FÜR DICH

**Fingerpuppen aufbewahren:** Bastle so viele Fingerpuppen, wie du möchtest! Zum Schluss kannst du sie in einer kleinen Kartonbox verstauen, damit ja keine verloren geht.

**Fingerpuppen-Bühne:** Eine einfache Fingerpuppen-Bühne kannst du aus einem runden Pappteller machen: Mit einem Furniermesser wird vorsichtig ein Halbkreis des Pappteller-Inneren herausgeschnitten. Der ausgeschnittene Teil wird innen mit einer Serviette oder einem Stück Stoff überklebt. Damit du beim Spielen beide Hände frei hast, kannst du am Pappteller eine Schnur anbringen, die du dir um den Hals hängst.

## BASTELTIPPS UND VARIANTEN

- Für den festen Karton kannst du alte Cornflakes-Boxen, Nudelschachteln, feste Briefumschläge, Schuhschachteln, die letzte Seite von Collegeblöcken ... verwenden.
- Niedliche Fingerpuppen lassen sich auch herstellen, wenn du mit einem schwarzen Stift auf einen einfarbigen Karton z. B. ein bestimmtes Tier aufzeichnest und es dann mit Buntstiften oder Filzstiften ausmalst.
- Tolle Fingerpuppen erhältst du auch, wenn du mit Wasserfarben auf weißem, festem Karton die Grundform malst, die Farbe dann trocknen lässt und mit einem schwarzen Filzstift die Einzelheiten ausarbeitest bzw. aufzeichnest.

# OSTER-TRIO

Nanu, wen haben wir denn da? Einen niedlichen Osterhasen, ein friedliches Schäfchen und ein pfiffiges Küken! An die Eierkartons, fertig, los!

## BASTELIDEE: KÜKEN

1. Reiße das gelbe Papier in kleine Stückchen! Klebe diese dann nacheinander auf den Eierkarton-Deckel, bis er gleichmäßig verkleidet ist.

2. Schneide aus dem orangen Papier einen Schnabel und aus dem weißen Papier zwei runde Augen aus. Zeichne die Pupillen auf und klebe die ausgeschnittenen Teile fest.

3. Schneide aus dem orangen Papier noch eine fransige Frisur und zwei Kükenfüße aus. Befestige die Teile am Eierkarton.

## DAS BRAUCHEN WIR

Eierkarton, Papier (weiß, gelb, orange)

## HILFSMATERIAL

Kleber, Schere, schwarzer Filzstift

## IDEEN FÜR DICH

**Osterdekoration:** Du kannst das Oster-Trio hervorragend nutzen, um deiner Wohnung eine tolle österliche Dekoration zu verpassen.

**Osternester zum Verschenken:** Du kannst die Eierkarton-Tierchen auch mit Süßem und anderen Kleinigkeiten (z. B. Glücksstein, Freundschaftsband ...) füllen und dich selbst als „Osterhase" auf den Weg machen und anderen eine Freude bereiten.

## BASTELTIPPS UND VARIANTEN

- Wer möchte, kann auch die Etiketten vom Deckel entfernen und die Eierkartons mit Wasserfarben oder Bastelfarben bemalen. Auch die Kombination Grundierung mit einer flüssigen Farbe und anschließendes Aufkleben von Papierstückchen wirkt toll.
- Wenn du deinen Ostertieren noch etwas mehr Farbe verleihen möchtest, kannst du bunte Papierschnipsel zu kleinen Bällchen zusammenknüllen und diese aufkleben.
- Auch Osterhasen und Osterlämmchen lassen sich mit der gleichen Vorgehensweise herstellen. Beim Osterhasen empfiehlt es sich, die Ohren zusätzlich auf ein Stück feste Pappe zu kleben, damit sie nicht schlapp nach unten hängen.

# SCHMETTERLINGE

Rot, blau, gelb, violett, orange ... Schmetterlinge gibt es in so vielen wunderschönen Farben und mit so dekorativen Mustern! Was die Natur schafft, kannst du aber bestimmt auch ...

## BASTELIDEE: SCHMETTERLING MIT ROTEN FLÜGELN

1. Bemale eine Seite des Eierkartons beliebig, bis keine freien Stellen mehr zu sehen sind. Sobald du damit zufrieden bist, lege den Eierkarton weg und warte, bis er getrocknet ist.

2. Bitte einen Erwachsenen, die Eierkarton-Mulden vorsichtig mit einem Furniermesser oder einer Schere auseinanderzuschneiden. Nimm nun nacheinander die einzelnen Eierkarton-Mulden und mache vorsichtig mit der Prickelnadel oder einem Zahnstocher Löcher in ihren Boden.

3. Nimm die Schnur und mache einen Knoten an einem Ende. Fädle nun abwechselnd eine Eierkarton-Mulde und eine Holzperle auf. Schließe mit einer Eierkarton-Mulde ab. Mache einen Knoten, um das Ganze zu fixieren.

4. Nimm nun das rote Papier und fertige Flügel an. Verziere sie mit gelben Papierstückchen. Schneide aus dem beigen Papier einen runden Kopf aus, zeichne ein nettes Gesichtchen darauf und klebe Papierfühler an. Fixiere nun die Flügel mit etwas Kleber auf den Eierkarton-Teilen. Den Kopf befestigst du mit Klebestreifen direkt an der Schnur.

## DAS BRAUCHEN WIR

Eierkarton (Eierkarton-Paletten oder Eierkarton-Boxen), Papier (beige, rot, gelb), Schnur (ca. 30 cm), einige Holzperlen

## HILFSMATERIAL

Wasserfarben, Malbecher mit Wasser, Pinsel, Schere, schwarzer Filzstift, Kleber, Prickelnadel oder Zahnstocher, Furnier messer, Klebestreifen

## IDEEN FÜR DICH

**Wandschmuck:** Die Schmetterlinge kann man gut an die Wand hängen. Wenn an der Wand zusätzlich noch einige gezeichnete oder aus Buntpapier gebastelte Blumen angebracht werden, wirkt die Dekoration besonders sommerlich.
**Fensterdekoration:** Die Schmetterlinge machen auch als Fensterdekoration eine gute Figur!

## BASTELTIPPS UND VARIANTEN

- Nimm das Papier doppelt, um die Flügel, die Fühler und die Augen des Schmetterlings auszuschneiden. So werden sie identisch.
- Normales Papier wird stabiler, wenn du es doppelt nimmst oder auf Pappe klebst.
- Du kannst die Flügel rund oder eckig ausschneiden. Beklebe sie mit Papierstückchen oder zeichne kleine Verzierungen auf.
- Achte darauf, dass du beim Malen nicht zu viel Wasser verwendest: Tauche den Pinsel kurz ins Wasser und kreise mit dem Pinsel im ausgewählten Wasserfarben-Topf, bis sich kleine Bläschen bilden. Erst dann hat die Wasserfarbe die perfekte Konsistenz!
- Die Perlen dienen dazu, einen gewissen Abstand zwischen den Eierkarton-Teilen zu erreichen. Dadurch wird der Schmetterling beweglicher und die angemalten Eierkarton-Teile kommen besser zur Geltung.

# MONSTERCHEN

Achtung, jetzt wird's monsterhaft! Das hier sind Oliver, Kalle und Lola – richtig gruselige, aber total nette Eierkarton-Monsterchen! Aus Eierkartons und etwas buntem Papier kannst du dir ganz einfach deinen eigenen Monster-Freund basteln.

## BASTELIDEE: OLIVER

1. Nimm den Eierkarton und entferne so gut wie möglich die darauf klebenden Etiketten. Bemale den Eierkarton beliebig mit Wasserfarben und warte, bis die Farbe trocken ist. Schneide dann aus dem orangen, grünen und gelben Papier unterschiedlich große Kreise aus und klebe sie auf den Eierkarton.

2. Schneide aus dem weißen Papier fünf runde Augen und zwei gefährliche Zähne aus. Zeichne mit dem schwarzen Filzstift die Pupillen auf die weißen Papierkreise und einen Mund auf den Eierkarton. Klebe die Augen und die Zähne an.

3. Schneide noch zwei Fühler (2 rechteckige Streifen, 2 größere und 2 kleinere Kreise zum Aufeinanderkleben), klebe alles zusammen und befestige es am Eierkarton.

KALLE

OLIVER

LOLA

## DAS BRAUCHEN WIR

Eierkarton, Papier (weiß, orange, grün, gelb)

## HILFSMATERIAL

Wasserfarben, Malbecher mit Wasser, Pinsel, Kleber, Schere, schwarzer Filzstift

## IDEEN FÜR DICH

**Deko, Geschenkbox und Schatztruhe:** Du kannst die Monsterchen als Dekoration aufstellen, als Geschenkboxen nutzen, mit ihnen spielen oder ihnen deine geheimsten Schätze anvertrauen. Da darfst du sicher sein, dass sich niemand herantraut!

## BASTELTIPPS UND VARIANTEN

- Wer lieber ohne flüssige Farbe arbeitet, kann den Eierkarton auch nur mit buntem Papier bekleben.
- Besonders farbenfroh wird dein Monster, wenn du es mit verschiedenen Wasserfarben bemalst und die Farben etwas ineinanderlaufen lässt.
- Entscheide selbst, wie die Augen deines Monsters aussehen: Ist es vielleicht einäugig? Oder hat es zwei, drei, vier oder sogar fünf Augen? Sind sie direkt im Gesicht oder befinden sie sich auf Fühlern? Verpasse deinem Monster noch Ohren, eine besondere Frisur, einen Mund, gefährliche Zähne, dicke Papierwarzen …

# WEIHNACHTSBÄUME

Oh, du fröhliche Weihnachtszeit! Plätzchen backen, Kinderpunsch schlürfen, Weihnachtskarten verschicken, Schneemänner bauen, Kerzen anzünden, Geschenke verpacken und heuer steht noch was auf dem Programm: Deko-Weihnachtsbäume aus Eierkartons selber machen!

## BASTELIDEE:

1. Nimm den Eierkarton und bemale ihn in verschiedenen Grüntönen. Lege ihn beiseite und warte, bis er trocken ist. Bitte einen Erwachsenen dann, die Eierkarton-Mulden vorsichtig mit einem Furniermesser oder einer Schere auseinanderzuschneiden.

2. Stecke nun die einzelnen Eierkarton-Mulden nach und nach übereinander, bestreiche ihre Ränder mit etwas Kleber und drücke sie aneinander. Achte darauf, dass die Eierkarton-Mulden wie im Foto versetzt aufeinander kleben, damit die Struktur eines Baumes entsteht.

3. Nun musst du noch den Baumstamm anbringen. Nimm den Wellpappe-Streifen und rolle ihn zusammen. Bitte einen Erwachsenen, den Wellpappe-Streifen mit der Heißklebepistole zu fixieren und ihn dann an der Unterseite des Baumes anzubringen.

## DAS BRAUCHEN WIR

Eierkarton-Palette, Wellpappe-Streifen für den Stamm

## HILFSMATERIAL

Wasserfarben, Pinsel, Malbecher mit Wasser, Furniermesser, Kleber, Heißklebepistole

## IDEEN FÜR DICH

**Winterwald:** Die Bäume schauen besonders toll aus, wenn es sich nicht nur um einzelne handelt, sondern es einen ganzen Wald davon gibt! Vielleicht hast du ja Lust, einige Waldtiere aus Karton zu basteln und ebenfalls in deinen Wald zu stellen?

**Deko:** Die Bäume können einzelne weihnachtliche Akzente in der Wohnung sein oder Krippenlandschaften schmücken.

## BASTELTIPPS UND VARIANTEN

- Eierkarton-Paletten eignen sich aufgrund ihrer Mulden-Form für die Weihnachtsbäume besonders gut. Wer keine Paletten zur Verfügung hat, kann auch normale Eierkarton-Boxen verwenden.
- Wenn es für dich schwierig ist, die einzelnen Eierkarton-Mulden zusammenzukleben, kann das auch ein Erwachsener mit der Heißklebepistole machen.
- Wenn der Baum immer wieder umfällt, klebst du ihn einfach auf ein kleines Stück Pappe. Du kannst an den Bäumchen auch ein Stück Schnur anbringen und sie aufhängen.
- Schneide aus gelbem Papier einen Stern aus und klebe ihn an die Baumspitze. Zerknülle Papierstückchen und klebe sie als kleinen Weihnachtsbaumschmuck auf. Oder vielleicht hat es auf deine Bäume frisch geschneit? Klebe dafür etwas Watte auf!
- Sterne aus Goldpapier und Glitzer auf den Bäumen wirken besonders winterlich.
- Niedrige Bäume und sehr hohe Bäume: Entscheide du selbst, wie hoch dein Baum sein soll! Für den Wald machen sich unterschiedliche Größen gut.

# MILCHIS

Aus kleinen Zündholzschachteln lassen sich ganz einfach diese niedlichen Milchzahn-Boxen, hier auch „Milchis“ genannt, basteln! Zündholzschachtel mit einem bunten Papier überkleben, gezeichneten Zahn aufkleben und die süße Schachtel nach und nach mit herausgefallenen Milchzähnen füllen! Und die Zahnfee ... muss einfach akzeptieren, dass sie deine Milchzähne nicht mehr mitnehmen, sondern nur noch im Milchi betrachten darf!

## BASTELIDEE: ZAHNKÖNIG

1. Zeichne mit dem schwarzen Stift auf dem weißen Papier einen Zahn auf, male ihm rote Backen auf und schneide ihn aus. Schneide aus dem gelben Papier eine kleine Krone aus und klebe sie auf den Zahn.

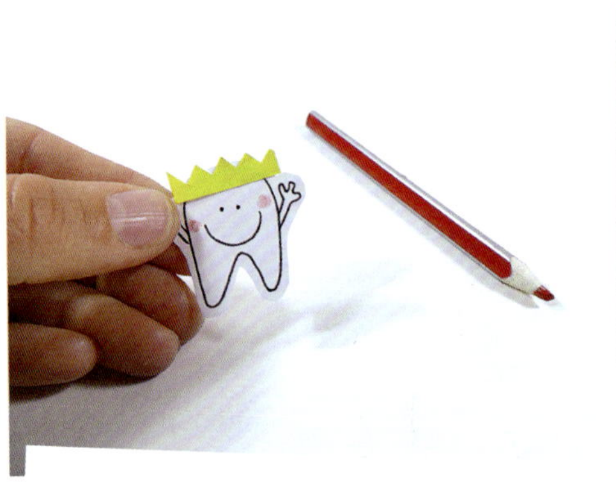

2. Zeichne auf dem orangen Papier mithilfe von Lineal und Bleistift einen Streifen auf, mit dem du die Zündholzschachtel umwickeln kannst. Bestreiche die Zündholzschachtel mit Kleber und drücke den orangen Papierstreifen nach und nach darauf. Befestige an der Zündholzschachtel den gezeichneten Zahnkönig.

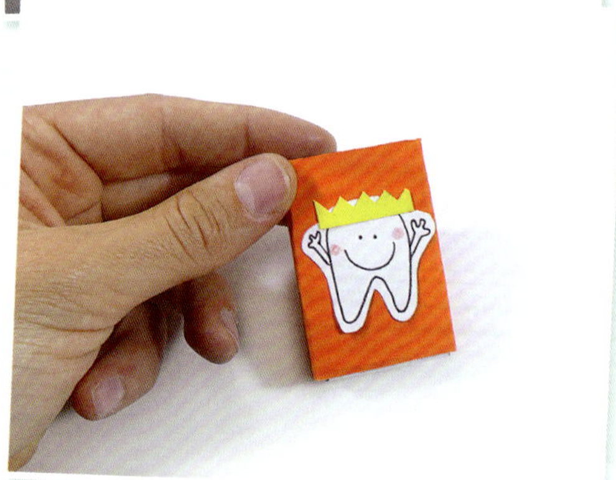

## DAS BRAUCHEN WIR

Leere Zündholzschachtel (zum Aufschieben), Papier (weiß, orange, gelb)

## HILFSMATERIAL

Schere, Kleber, schwarzer Filzstift, rote Holzfarbe, Lineal, Bleistift

## IDEEN FÜR DICH

**Milchzähne verstauen:** In den selbst gemachten Milchis kannst du deine Zähne an einem sichern Ort verstauen.
**Kleines Geschenk:** Bastle doch mehrere kleine Milchis und verschenke sie als kleine Überraschung an deine Freunde.

## BASTELTIPPS UND VARIANTEN

- Du kannst einfarbiges Papier zum Umwickeln verwenden, aber auch buntes Motivpapier macht sich gut!
- Spiele mit den Gesichtsausdrücken der Zähne: Schau dir als Inspiration die gezeichneten Zähne genau an oder überlege dir selbst einen passenden Gesichtsausdruck!
- Zähne müssen nicht nur „Zähne" sein! Du kannst sie zu kleinen Indianern, stolzen Königen, schicken Ladies und und und machen!
- Kleine Papier-Details (wie z. B. die Krone, Herzchen, kleine Punkte ...) kannst du aus Papier ausschneiden oder ausstanzen und an der Zündholzschachtel befestigen.
- Wenn du möchtest, legst du in die Zündholzschachteln auch ein kleines Stück Stoff oder Filz, dann schauen sie auch noch von innen edel aus!
- Wenn du deinen Milchi als kleine Schublade haben möchtest, kannst du an der kurzen Seite ein längliches Loch stechen, eine Musterklammer von vorne hineinstecken und sie hinten aufbiegen. Fertig! Wenn du nach deinen Milchzähnen schauen möchtest, ziehst du am Musterklammer-Kopf, um deinen Milchi zu öffnen.

# MINIBOXEN

Qualle, Eiswaffel, Wassermelone ... Auf diesen Miniboxen sind lauter sommerliche Motive abgebildet! Möchtest du eine dieser Miniboxen nachbasteln oder hast du sonst eine nette Idee, um deine Zündholzschachtel zu gestalten? Schmetterlinge, Blümchen, Segelboote, Pilze, Sonnen und noch viel mehr Motive bieten sich an.

## BASTELIDEE: MINIBOX MIT QUALLE

1. Male die Buchseite mit hellblauer Wasserfarbe an und warte, bis die Farbe getrocknet ist. Zeichne mit deinem Lineal und dem Bleistift einen Streifen auf, mit dem du die Zündholzschachtel umwickeln kannst, und schneide ihn aus. Zeichne auf dem rosaroten Papier eine Qualle auf, schneide sie aus und klebe sie in die Mitte des Streifens. Schneide aus dem weißen Papier zwei Augen aus, zeichne die Pupillen auf und klebe sie fest. Stanze mit dem Locher einige Punkte aus dem dunkelblauen Papier und bringe sie ebenfalls an.

2. Bestreiche die Zündholzschachtel nach und nach mit Kleber und streiche den gerade gestalteten Buchseiten-Streifen darauf glatt.

## DAS BRAUCHEN WIR

Leere Zündholzschachtel (zum Aufschieben), Buchseite, Papier (weiß, rosarot, dunkelblau)

## HILFSMATERIAL

Wasserfarben, Malbecher mit Wasser, Pinsel, Schere, Kleber, Locher, schwarzer Filzstift, Lineal, Bleistift

## IDEEN FÜR DICH

**Kleinigkeiten verschenken:** Diese farbenfrohen Miniboxen sind ideal, um kleine Überraschungen (z. B. Freundschaftsbänder, Glücksbringer, Muscheln, kleine Süßigkeiten ...) zu verschenken!

**Liebe-Worte-Box:** Du musst nicht unbedingt etwas Materielles in die Box geben! Oft freuen sich Menschen noch viel mehr, wenn sie einige liebe Worte „geschenkt" bekommen! Nimm dir einen kleinen Zettel, schreibe einige Sätze darauf, falte ihn zusammen und verstaue ihn in deiner selbst gemachten Minibox!

## BASTELTIPPS UND VARIANTEN

- Wenn du keine Buchseite zum Basteln hast, nimmst du einfach Zeitungspapier oder eine Magazinseite.
- Wenn du beim Anmalen etwas mehr Wasser und verschiedene Farben verwendest, erhältst du schöne Aquarell-Effekte.
- Entscheide selbst, ob du Formen aus Papier zu Figuren zusammenklebst oder bunte Papierschnipsel oder sonstige ausgestanzte Papierformen aufklebst!
- Natürlich kannst du die Zündholzschachteln mit buntem Papier oder Motivpapier überkleben und dann verzieren!
- Du könntest kleine Zeichnungen auch auf weißem Papier anfertigen, diese dann mit Buntstiften oder Filzstiften anmalen, ausschneiden und aufkleben!

# TREPPENBRIEFE

In solchen Zündholzschachteln haben nicht nur Milchzähnchen und kleine Geschenke Platz! Oh nein! Du kannst auch ewig lange Treppenbriefe verstauen, ohne dass je einer oder eine Verdacht schöpfen würde! Wenn du dich jetzt fragst „Häää, was sind denn Treppenbriefe?", dann lies unbedingt weiter!

## BASTELIDEE: TREPPENBRIEF MIT SCHMETTERLING

1. Zeichne auf dem weißen Papier ein Rechteck auf, das etwas kleiner als die Grundfläche der Zündholzschachtel ist, und schneide es aus. Zeichne mit dem schwarzen Stift einen Schmetterling auf und male ihn mit Buntstiften an. Vergiss beim Anmalen den Hintergrund nicht!

2. Schneide vom gelben Papier einen Streifen ab, mit dem du die Zündholzschachtel genau umwickeln kannst. Bestreiche die Schachtel mit Kleber und drücke nach und nach den gelben Papierstreifen darauf. Klebe den soeben gezeichneten Schmetterling auf die Zündholzschachtel.

3. Schneide vom weißen Papier einen langen Streifen ab, der etwas schmäler als die Zündholzschachtel ist und schreibe deinen Brief darauf.

4. Falte ihn zum Schluss wie eine Ziehharmonika, sodass er genau in der Zündholzschachtel Platz hat. Klebe ihn unten in die Zündholzschachtel hinein, drücke den Brief nach unten und schließe die Zündholzschachtel wieder. Bereit zum Verschenken!

## DAS BRAUCHEN WIR

Leere Zündholzschachtel (zum Aufschieben), Papier (weiß, gelb)

## HILFSMATERIAL

Schere, Kleber, schwarzer Stift, Buntstifte, Lineal, Bleistift

## IDEEN FÜR DICH

**Briefeschreiben mal anders:** Schreibe doch das nächste Mal einen etwas anderen Brief (z. B. zu einem Geburtstag, um Danke zu sagen, an deinen Brieffreund oder deine Brieffreundin ...). Die Beschenkten freuen sich bestimmt darüber!

**Geschenkanhänger:** Bringe an der Rückseite der Zündholzschachtel ein Stück Schnur an und binde sie an einem verpackten Geschenk fest!

## BASTELTIPPS UND VARIANTEN

- Für das weiße Rechteck am Anfang einen Tipp: Lege die Zündholzschachtel auf das weiße Papier und fahre ihren Umriss mit einem Bleistift nach. Schneide dieses Rechteck innerhalb der Bleistiftlinie aus. So erhältst du ein Rechteck, das etwas kleiner als deine Zündholzschachtel ist und man sieht später noch einen bunten Papierrand!
- Mal den Hintergrund deiner Zeichnungen einfarbig an oder verziere ihn mit bunten Formen. Als Farbe kannst du auch das Farbpulver angespitzter Holzstifte nehmen.
- Du kannst auch kleine Zeichnungen auf weißem Papier anfertigen, anmalen und dann kreuz und quer aufkleben!
- Für einen langen Treppenbrief klebst du einfach Papierstreifen mit Kleber oder Klebestreifen zusammen.
- Du kannst auf die Zündholzschachteln auch kleine Sprechblasen anbringen oder einige Worte (z. B. „Schnecken-Post") schreiben!
- Du musst nicht unbedingt etwas auf den Papierstreifen schreiben! Auch kleine Zeichnungen oder Fotos kannst du einkleben.

# WEIHNACHTLICHE SCHACHTELN

Alle aufgepasst, die noch ein kleines Weihnachtsgeschenk für Mama, Papa, Oma, Opa, einen Onkel, eine Tante oder sonst einen Bekannten suchen! Erwachsene brauchen immer mal wieder Streichhölzer, etwa um im Winter den offenen Kamin oder Kerzen anzuzünden. Und gegen eine toll gestaltete, weihnachtliche Zündholzschachtel hat bestimmt niemand etwas einzuwenden.

## BASTELIDEE: EISBÄREN-SCHACHTEL

1. Lege die Zündholzschachtel auf das braune Packpapier und fahre ihren Umriss nach. Wiederhole das Gleiche noch einmal und schneide beide Rechtecke anschließend aus. Schneide aus dem weißen Papier einen Kopf und zwei Ohren und aus dem braunen Packpapier das Ohrinnere aus. Klebe das braune Ohrinnere auf die weißen Ohren und bringe alle ausgeschnittenen Papierteile auf einem Packpapier-Rechteck an. Zeichne dem Eisbären ein Gesicht. Schneide aus dem roten Papier ein Herzchen aus und klebe es auf.

2. Klebe die beiden Packpapier-Rechtecke hinten und vorne auf die Zündholzschachtel.

## DAS BRAUCHEN WIR

Zündholzschachtel mit Zündhölzern, Papier (weiß, rot), braunes Packpapier

## HILFSMATERIAL

Schere, Kleber, schwarzer Filzstift, Bleistift

## IDEEN FÜR DICH

**Geschenkidee für Erwachsene:** Die weihnachtlichen Zündholzschachteln sind eine nette Kleinigkeit, die du gut einer erwachsenen Person schenken kannst! Vielleicht findest du im Geschäft ja noch eine hübsche Kerze, ein nettes Windlicht oder eine schöne Duftlampe und verschenkst die beiden Sachen gemeinsam!

**Geschenkboxen:** Du kannst die weihnachtlich gestalteten Zündholzschachteln auch als kleine Geschenkboxen verwenden! Dafür die Zündhölzer entfernen und die Schachtel beliebig füllen!

## BASTELTIPPS UND VARIANTEN

- Bei den anderen Zündholzschachteln gehst du genau gleich vor: Zuerst Packpapier-Rechtecke ausschneiden, eines davon mit buntem Papier gestalten und die Rechtecke anschließend aufkleben!
- Toll sehen die Zündholzschachteln auch aus, wenn du sie mit Buchseiten einbindest und dann gestaltest! Auch einfarbiges Papier (z. B. weinrot, dunkelgrün, blau, weiß) wirkt weihnachtlich!
- Verwende Glitzerstifte oder Gold- und Silberpapier, um deine Zündholzschachteln besonders weihnachtlich zu gestalten.
- Nimm Motivstanzer, um kleine Formen (z. B. Sternchen, Herzchen ...) auszustanzen.
- Wenn du möchtest, kannst du kleine weihnachtliche Motive auch auf einem weißen Papier zeichnen, diese anmalen und dann auf der überklebten Zündholzschachtel anbringen!

# SCHATULLEN

Von Schmuck über Süßigkeiten bis hin zu Murmeln und hübschen Steinen: Diese Käseschatullen sind ideal, um Kleinigkeiten zu verstauen! Egal ob über deinen Schatullen-Deckel kleine Marienkäfer flitzen, Schnecken herumkriechen oder es sich dort ein Schneemann gemütlich gemacht hat: Deine Schatulle wird immer ein toller Hingucker werden!

## BASTELIDEE: MARIENKÄFER-SCHATULLE

1. Nimm einen Gegenstand mit runder Grundfläche, lege ihn auf die Pappe, zeichne den Umriss mit dem Bleistift nach und schneide den Kreis aus. Male den Kreis mit gelber und oranger Wasserfarbe aus und warte, bis die Farbe trocken ist! Stanze dann mit dem Motivstanzer mehrere rote Punkte aus und klebe sie auf die angemalte Pappe.

2. Zeichne mit dem schwarzen Stift den Punkten Köpfe, Fühler, Füßchen und Tupfen auf und verwandle sie in kleine Marienkäfer.

3. Schneide vom gelben Papier einen Streifen ab, mit dem du den Rand des Käseschachtel-Deckels umwickeln kannst. Bestreiche den Rand mit Kleber und bringe den gelben Papierstreifen an. Bestreiche die Unterseite der Pappscheibe mit Kleber und drücke sie auf die Käseschachtel.

## DAS BRAUCHEN WIR

Käseschachtel, weiße Pappe, Papier (rot, gelb)

## HILFSMATERIAL

Wasserfarben, Malbecher mit Wasser, Pinsel, Schere, Kleber, schwarzer Filzstift, Gegenstand mit runder Grundfläche (größer als die Käseschachtel), Bleistift, Motivstanzer (rund)

## IDEEN FÜR DICH

**Schatullen für kleine Schätze:** Die Schatullen sind ideal, um kleine Schätze (Schmuck, Süßigkeiten, schöne Naturfunde, Perlen, Sticker usw.) darin zu verstauen.

**Zum Verschenken:** Fülle die Schatulle mit einer Kleinigkeit. Schnüre eine Juteschnur um die Schatulle, damit sie sich nicht ungewollt öffnet. Bringe vielleicht noch einen Geschenkanhänger an.

## BASTELTIPPS UND VARIANTEN

- Du kannst auch Bierdeckel verwenden. Wenn du keine weißen oder graue hast, kannst du einige Male mit weißer Bastelfarbe darüber malen und sie dann mit Wasserfarben bunt gestalten oder mit Papier oder kunterbunten Papierstückchen überkleben.
- Wenn du zum Basteln graue oder braune Pappe verwendest, kann es sein, dass die Farben nicht schön leuchten. Dann würde es sich anbieten, die Pappe mit weißer Bastelfarbe zu grundieren und danach mit den Wasserfarben weiterzumalen!
- Ein Pappkreis bietet sich an, wenn du mit flüssiger Farbe arbeitest. Er wellt sich nicht so wie normales Papier und ist sehr stabil. Wenn du nicht mit flüssiger Farbe arbeiten möchtest, kannst du die Käseschachtel auch direkt mit buntem Papier überkleben oder kleine Papierstückchen anbringen.
- Falls du Inspirationen brauchst, was man sonst noch aus den Pappkreisen machen könnte, schau dir doch mal das Kapitel „Bierdeckel" von Seite 52 bis Seite 59 an. Dort findest du lustige Smileys, Tiere, Menschen, Bäumchen.

# SCHILDKRÖTEN

Schau dir mal deine Käseschachtel von allen Seiten an! Erinnert sie dich an ein UFO, an ein Gesicht, ein Rad oder sonst etwas? Als ich die Käseschachteln so betrachtete, sah ich plötzlich Schildkrötenpanzer und schwuppdiwupp entstanden diese niedlichen Papier-Reptilien!

## BASTELIDEE: GELBE SCHILDKRÖTE MIT PAPIERSCHNIPSELN

1. Verwende den Klebestreifen, um die Käseschachtel zu verschließen. Schneide vom gelben Papier einen Streifen ab, der genauso breit ist wie der Rand der Käseschachtel. Bestreiche den Schachtelrand nach und nach mit Kleber und drücke den Papierstreifen an. Reiße das gelbe Papier in kleine Stückchen und klebe sie auf die Käseschachtel.

2. Klebe bunte Papierschnipsel kreuz und quer auf die gelbe Käseschachtel.

3. Schneide aus dem dunkelgrünen Papier einen Kopf und vier Beine aus. Biege bei allen ausgeschnittenen Teilen den oberen Rand nach hinten. Schneide aus dem weißen Papier zwei runde Augen aus, zeichne die Pupillen auf und bringe sie am Kopf an. Bestreiche die nach hinten gebogenen Laschen mit Kleber und bringe den Kopf und die Beine am Schildkrötenpanzer an. Befestige zum Schluss einen spitzen dunkelgrünen Schwanz am Hinterteil der Schildkröte.

## DAS BRAUCHEN WIR

Käseschachtel, Papier (weiß, gelb, dunkelgrün), bunte Papierschnipsel

## HILFSMATERIAL

Schere, Kleber, schwarzer Filzstift, Klebestreifen

## IDEEN FÜR DICH

**Dekoration:** Du kannst deine Schildkröten als Dekoration irgendwo aufstellen oder an ihrer Rückseite eine Schnur befestigen und sie aufhängen.

**Klangschildkröten:** Wenn du, bevor du die Käseschachtel mit Klebestreifen verschließt, Rasselmaterial (z. B. Steinchen, Knöpfe, Glöckchen, Aststückchen ...) in die Käseschachtel gibst, kannst du anschließend deine Schildkröte als Rassel verwenden.

## BASTELTIPPS UND VARIANTEN

- Wenn du die Füße und den Kopf extra stabil haben möchtest, kannst du das Papier doppelt nehmen, das Papier zusätzlich auf Pappe kleben oder Karton zum Basteln verwenden!
- Du kannst eckige oder auch runde Käseschachteln zum Einsatz bringen.
- Achte darauf, dass du beim Ankleben die Papierstückchen schön über die Kanten ziehst. So kannst du die Käseschachtel sauber mit den Papierstücken überkleben.
- Falls dir das besser gefällt, kannst du deine Schildkröte auch mit Zeitungspapier-Stückchen überkleben.
- Deine Schildkröten werden besonders farbenfroh, wenn du bunte Papierschnipsel, ausgestanzte Punkte in verschiedenen Größen oder zusammengeknüllte Papierkügelchen aufklebst!

# ZAPPELKINDER

Runde Käseschachteln bieten sich an, um daraus Köpfe zu basteln! Und weil zu einem Kopf auch immer ein Körper gehört, entstanden diese pfiffigen Käseschachtel-Kinder. Darf ich vorstellen: Das hier sind Lola und Tim!

## BASTELIDEE: TIM

1. Verschließe die Käseschachtel mit Klebestreifen. Schneide dann vom rosaroten Papier einen Streifen ab, der genauso breit wie die Käseschachtel ist, und klebe ihn um den Käseschachtelrand. Lege die Käseschachtel auf das rosarote Papier, zeichne den Umriss nach, schneide den Kreis aus und klebe ihn auf die Käseschachtel.

2. Schneide vom rosaroten Papier einen kürzeren Streifen ab (z. B. 9 cm x 1 cm). Falte ihn zweimal, sodass du drei ca. gleich große Abschnitte erhältst. Falte den letzten Abschnitt nochmals in der Mitte, sodass du zwei kleinere Abschnitte erhältst. Bestreiche den ersten davon mit Kleber und drücke ihn am anderen Pappstreifen-Ende fest. Klebe diese 3D-Nase auf die Käseschachtel.

3. Schneide aus dem weißen Papier zwei runde Augen aus, zeichne die Pupillen auf und klebe sie ebenfalls fest. Zeichne noch einen Mund auf. Reiße das schwarze Papier in kleine Stückchen und bringe sie als Haare an.

4. Schneide aus dem dunkelblauen Papier einen Pullover und Schuhe, aus dem braunen Papier eine Hose und aus dem rosaroten Papier Hände und einen (etwas längeren) Hals aus. Klebe die ausgeschnittenen Teile richtig zusammen. Biege den oberen Rand des Halses nach hinten, bestreiche ihn mit Kleber und drücke ihn von unten auf dem Käseschachtelrand fest. Bringe an der Rückseite der Käseschachtel noch eine Schnur zum Aufhängen an.

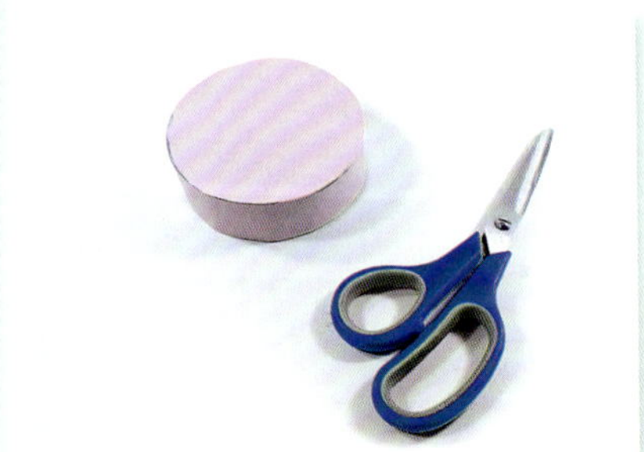

## DAS BRAUCHEN WIR

Runde Käseschachtel, Papier (weiß, schwarz, rosarot, dunkelblau, braun), Schnur

## HILFSMATERIAL

Schere, Kleber, schwarzer Filzstift, Klebestreifen, Bleistift

## IDEEN FÜR DICH

**Das bin ich:** Tim und Lola sollen nur Beispiele für dich sein! Natürlich solltest du nicht irgendjemanden, sondern dich darstellen! Schau dich nochmals im Spiegel genau an und nimm Besonderheiten in deinem Gesicht wahr! Durchstöbere auch nochmals deinen Kleiderschrank und überlege dir, welche Klamotten du nachbasteln möchtest! Los geht's!

**Das sind wir:** Toll wirken diese Käseschachtel-Kinder, wenn sie nicht alleine irgendwo hängen müssen! Bastle doch die restlichen Familienmitglieder auch nach und hänge alle gemeinsam z. B. an eure Eingangstür!

## BASTELTIPPS UND VARIANTEN

- Wenn du auch die Augen in 3D haben möchtest, kannst du sie erst auf Korkscheiben kleben und dann im Gesicht anbringen. Die Augen stehen so etwas nach vorne.
- Wenn dir beim Basteln normales Papier zu unstabil ist, kannst du es doppelt nehmen, zusätzlich auf Pappe kleben oder Karton verwenden!
- Du kannst die Haare aus Papier, aber auch aus Wolle oder Garn machen!
- Wenn du die Arme und Beine mit Musterklammern am restlichen Körper befestigst, lässt sich ihre Position verändern: Einmal können die Hände gelangweilt nach unten hängen, dann wieder sind sie vor Freude in die Luft gestreckt. Einmal stehen die Beine stramm und gerade, das nächste Mal spreizt du sie rechts und links vom Körper ab. So machen die Zappelkinder noch mehr Spaß!

# WEIHNACHTSNASEN

Nicht nur das Rentier hat hier eine knallrote Nase, sondern auch der Weihnachtsmann und der Weihnachtself. Keine Sorge, sie haben keinen Schnupfen! Diese drei Lustigen hier haben sogenannte Weihnachtsnasen, die du mit einer Lippencreme füllen und verschenken kannst!

## BASTELIDEE: WEIHNACHTS-ELF

1. Verschließe die Käseschachtel mit Klebestreifen. Schneide dann vom rosaroten Papier einen Streifen ab, der genauso breit wie die Käseschachtel ist, und klebe ihn um den Käseschachtelrand. Lege die Käseschachtel auf das rosarote Papier, zeichne den Umriss nach und klebe den ausgeschnittenen Kreis auf die Käseschachtel. Schneide außerdem zwei Elfenohren aus und bringe sie seitlich an.

2. Reiße das braune Packpapier in kleine Stückchen und klebe sie als Haare an. Schneide aus dem weißen Papier zwei runde Augen aus, zeichne die Pupillen auf und klebe die Augen fest. Nimm das kleine Cremedöschen und stelle es dem Weihnachts-Elfen mitten ins Gesicht. Fahre den Umriss mit einem Bleistift nach. Bitte anschließend einen Erwachsenen, mit einem Furniermesser den aufgezeichneten Kreis vorsichtig herauszuschneiden.

3. Zeichne dem Elfen noch einen Mund und das Ohrinnere. Schneide aus dem dunkelgrünen Papier eine Mütze aus. Bringe am unteren Rand rote Dreiecke und an der Spitze einen gelben Punkt an. Drücke das Cremedöschen in das ausgeschnittene Loch!

## DAS BRAUCHEN WIR

Runde Käseschachtel, Cremedöschen mit rotem Deckel, Papier (weiß, rosarot, dunkelgrün, rot, gelb), braunes Packpapier

## HILFSMATERIAL

Schere, Kleber, schwarzer Filzstift, Furniermesser, Klebestreifen, Bleistift

## IDEEN FÜR DICH

**Lippenbalsam-Nasen:** Tolles Weihnachtsgeschenk für Mamis, Omas, Tanten, Freundinnen, Bekannte ...

**Lippenbalsam selber machen und Cremedöschen füllen:** Wenn du ein einfaches Rezept hast, einen Lippenbalsam herzustellen, kannst du ihn natürlich auch selber machen und ihn dann in das leere Cremedöschen füllen! Auch im Internet oder in Zeitschriften findet man immer wieder einfache Lippenbalsam-Rezepte.

## BASTELTIPPS UND VARIANTEN

- Kaufe im Geschäft eine Creme, die man gut für die Lippen verwenden kann (z. B. Ringelblumencreme, Melkfett ...) und fülle etwas davon – mithilfe eines Teelöffels – in das kleine Cremedöschen. Du kannst auch Kokosnussöl oder Honig (für eine Lippen-Intensivkur) einfüllen. Alternativ kaufst du einen Lippenbalsam bereits in einem runden Döschen und verwendest dieses zum Basteln. Überklebe den Deckel des Lippenbalsams mit rotem Papier. Achte darauf, dass das Döschen nicht viel höher als die Käseschachtel ist!
- Wenn du keinen Lippenbalsam in deinen Käseschachtel-Figuren verstecken möchtest, kannst du die Nasen auch aus rotem Papier ausschneiden und aufkleben.
- Wenn du die Käseschachteln als Schatullen verwenden möchtest, klebst du sie am Anfang nicht mit Klebestreifen zusammen und überklebst den Rand nicht mit einem zusammenhängenden Papierstreifen. Du könntest den Rand beispielsweise mit weihnachtlichem Washi-Tape überkleben.

# PAPIERIGES

Hast du schon mal daran gedacht, aus einer alten Brotpapiertüte ein farbenfrohes Meerestier zu basteln, Kaffeefilter in originelle Handpuppen zu verwandeln oder aus weißen Etiketten tolle Sticker zu machen? Im nachfolgenden Kapitel findest du allerlei Bastelideen, die du mit papierigen Materialien, die du bereits zu Hause hast, realisieren kannst! Ich wünsche dir einen „papierigen" Bastelspaß!

S. 110

S. 130

S. 116

S. 106

S. 130

S. 146

S. 116

S. 134

S. 110

# MONSTER-HANDPUPPEN

Psssst! Sei still und lausch! Hörst du dieses leise Knistern? Ist es vielleicht eine Maus, die heimlich eine Nuss anknabbert, oder etwa doch ein Vogel, der aufgeregt durchs trockene Laub springt? Neeeein, neeeein! Dieses Knistern, das du hörst, kommt bestimmt von diesen Papiersäckchen-Monsterchen. Schrei jetzt bitte nicht auf! Diese Monsterchen sind total lieb, tun keiner Seele etwas zuleid und machen es sich am liebsten auf Kinderhänden bequem ...

## BASTELIDEE: LILA MONSTERCHEN

1. Male das Papiersäckchen mit deinen Wasserfarben bunt an! Schneide aus dem weißen Papier drei runde Augen aus, zeichne die Pupillen auf und klebe, sobald die Farbe trocken ist, die Augen auf das Monsterchen. Zeichne dem Monsterchen zudem einen Mund und einige Sommersprossen.

2. Schneide aus dem grünen Papier eine fransige Frisur und zwei Arme aus und bringe sie an. Klebe bunte Papierschnipsel kreuz und quer über den Monsterbauch.

3. Falls deine Papiertüte eine seitliche Falte zur Vergrößerung hat, kannst du diese mit Kleber bestreichen. So wird die Handpuppe enger und passt besser auf deine Hand!

## DAS BRAUCHEN WIR

Papiertüte, Papier (weiß, grün), bunte Papierschnipsel

## HILFSMATERIAL

Wasserfarben, Malbecher mit Wasser, Pinsel, schwarzer Filzstift, Schere, Kleber

## IDEEN FÜR DICH

**Handpuppe**: Steck dein Papiertüten-Monster auf deine Hand und erlebe verschiedene Abenteuer mit ihm. Sobald das Monster spricht, könntest du ja die Stimme verändern! Vielleicht hat es eine ganz dunkle, raue Stimme oder doch eine sehr piepsige, hohe? Vielleicht kann dein Monster ja nicht unsere Sprache und spricht in einer Fantasiesprache, die nur Kinder verstehen? Lass dir was einfallen!

## BASTELTIPPS UND VARIANTEN

- Du kannst die Monsterchen nach Belieben kunterbunt mit Wasserfarben anmalen oder mit Streifen dekorieren. Gestalte deine Monsterchen, indem du Verzierungen aufzeichnest oder verschiedene Papierformen aufklebst.
- Wenn deine Tüte beschriftet ist (z. B. mit dem Namen vom Brotladen oder Bastelgeschäft...) und dich das stört, kannst du Papier, in einer ähnlichen Farbe wie die Tüte, darüber kleben und dann ganz normal darüber malen. Monster sind nicht perfekt und können auch kleine Fehler haben. Alternativ kannst du dein Monster erst mit Wasserfarben anmalen und in einem zweiten Schritt die Schrift „verstecken“. Überklebe sie doch z. B. mit einem riesigen Papierpflaster oder einem kuscheligen Schal.

# MEERESTIERE

Meer, so weit das Auge reicht, heißer Sand unter den Füßen, kühle Getränke, spannende Spiele, prächtige Sandburgen und Schnorchel-Abenteuer im glasklaren Wasser mit kunterbunten Meerestieren! Klingen so nicht die perfekten Sommerferien? Los gehts! Lasst uns ein buntes Meeresgewimmel basteln und ein bisschen Sommergefühl für zu Hause einfangen!

## BASTELIDEE: PUNKTFISCH

1. Male mit deinen Wasserfarben bunte Punkte auf beide Seiten des Papiersäckchens. Umrande, sobald die Farbe trocken ist, die Punkte mit dem schwarzen Stift.

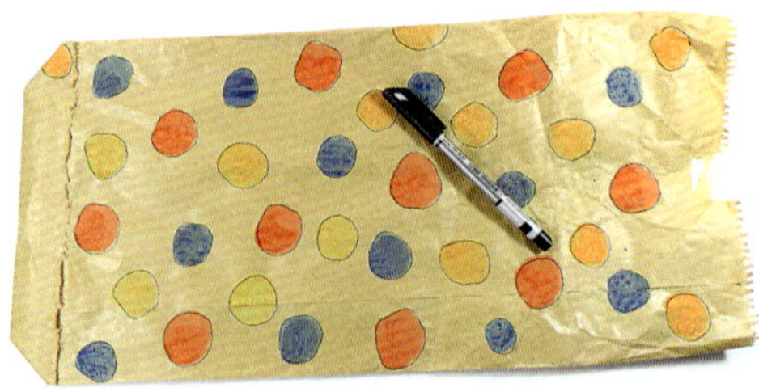

2. Knülle etwas Zeitungspapier zusammen und fülle damit die Papiertüte. Binde zum Schluss das Papiersäckchen mit der Schnur zusammen. Lasse dabei aber unbedingt noch etwas Papiertüte für die Schwanzflosse übrig.

3. Schneide aus dem weißen Papier zwei Punkte aus, zeichne Pupillen darauf und bringe die Augen seitlich am Fisch an. Schneide aus dem blauen Papier zwei Flossen und aus dem roten Papier einen Schmollmund aus und bringe auch diese Teile am Papiertüten-Fisch an.

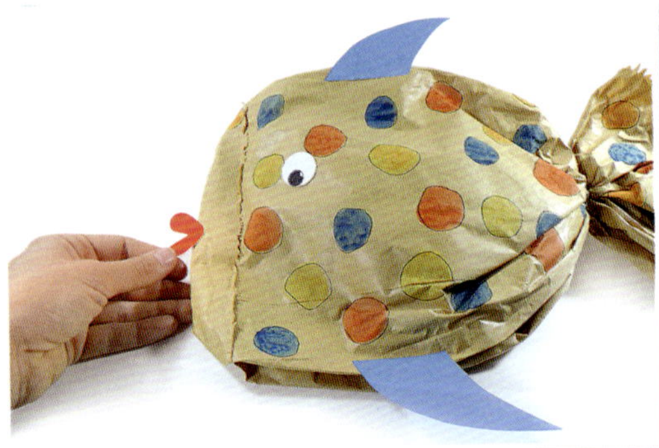

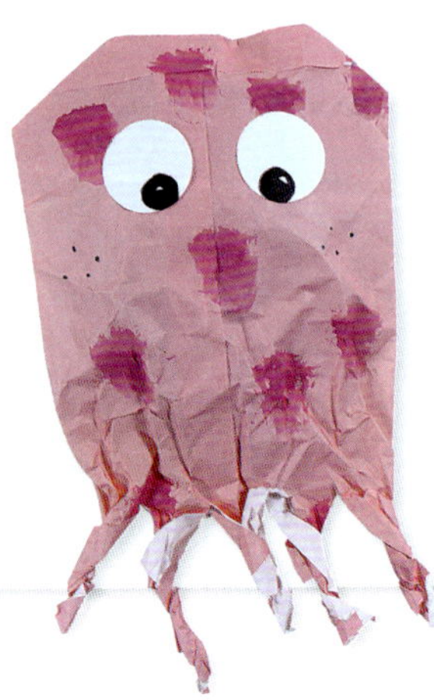

## DAS BRAUCHEN WIR

Papiertüte, Papier (weiß, rot, blau), Schnur, Zeitungspapier zum Füllen

## HILFSMATERIAL

Wasserfarben, Malbecher mit Wasser, Pinsel, Schere, Kleber, schwarzer Stift

## IDEEN FÜR DICH

**Sommerdeko:** Hänge die Meerestiere in der Wohnung auf. Wenn die Papiertüten nicht zu groß sind, kannst du sie auch als Fensterdekoration verwenden.

**Angel-Spaß:** Wenn du die Meerestiere mit etwas kleineren Papiertüten gebastelt hast, könntest du an ihnen Büroklammern befestigen und dir eine Magnet-Angel basteln. Dafür an einem Astende ein Stück Schnur festbinden. Am Ende der Schnur einen Magneten anbringen und drauf los angeln! Welches Meerestier beißt wohl als Erstes an? Petri Heil!

## BASTELTIPPS UND VARIANTEN

- Du kannst an der Oberseite der Tiere ein Stück Schnur anbringen, sodass diese aufgehängt werden können. Wenn du an dieser Schnur noch einige Muscheln festknotest, erinnert die Dekoration besonders ans Meer.
- Mit zusammengeknüllten Papierstücken oder sonstigem buntem Papier verleihst du deinen Meerestieren tolle farbliche Akzente.
- Wenn dich die Schrift auf den Papiersäckchen stört, kannst du sie überkleben und dann mit Wasserfarben übermalen!
- Wenn du möchtest, kannst du auch bunte Papierstückchen zurechtreißen und diese deinem Meerestier als Schuppen aufkleben.
- Wenn du eine Tüte mit Zeitungspapier füllst, von unten ein paar Papierstreifen einschneidest und zu Tentakeln verdrehst, entsteht ganz leicht eine Qualle.

# ZIEHKARTEN

„Torööö, toröőö", trompetet der Elefant. „Miao, miao, miao", flüstert die Katze. „Oing, oing, oing", grunzt das Schwein. „Wuuaaaahhh, wuaaaaah, wuaaaah", brüllt der Dinosaurier. „Hallo, hallo", rufen die Prinzessin und der Junge! Wisst ihr denn, was diese Tiere und Menschen gemeinsam haben? In ihrem Inneren haben sich Briefe versteckt, die man herausziehen kann!

## BASTELIDEE: DINO-ZIEHKARTE

1. Schneide dein Papiersäckchen auf eine beliebige Länge zu. Nimm das hellgrüne Papier, schneide einen Dinosaurierkopf und vier Dinofüße aus. Bestreiche den Kopf am unteren Rand mit Kleber und drücke ihn von hinten auf die Papiertüte. Die Füße bringst du auf der Vorderseite an.

2. Schneide aus dem weißen Papier ein rundes Auge aus, zeichne die Pupille auf und fixiere es am Kopf. Zeichne ebenfalls einen Mund und ein Nasenloch sowie an den Füßen Zehen auf. Reiße das dunkelgrüne Papier in Stückchen und klebe sie auf. Reiße vom gelben Papier etwas kleinere Stückchen ab und klebe sie auf die dunkelgrünen Stückchen.

3. Schneide zum Schluss noch aus dem hellgrünen Papier einen Schwanz aus. Falte deinen bereits geschriebenen Brief so, dass er in der Papiertüte Platz hat, und schiebe ihn hinein. Befestige am rechten Rand des Briefes den Schwanz mit etwas Kleber. Wer den Brief lesen möchte, muss am Schwanz so lange ziehen, bis der Brief erscheint. Du hast keinen Brief? Dann nimm doch stattdessen einfach ein weißes Blatt.

## DAS BRAUCHEN WIR

Papiertüte, Papier (weiß, hellgrün, dunkelgrün, gelb), bereits geschriebener Brief oder weißes Blatt

## HILFSMATERIAL

Schere, Kleber, schwarzer Filzstift

## IDEEN FÜR DICH

**Glückwunschkarten:** Immer wieder braucht man Glückwunschkarten für besondere Anlässe! Bastle doch das nächste Mal eine Ziehkarte dafür.

**Einladungen:** Gestalte deine nächsten Geburtstagseinladungen als Ziehkarten, Vielleicht hast du eine Piratenparty geplant und man muss am Schwert ziehen, um Details zur Geburtstagsfeier zu erhalten? Oder du verwandelst die Papiertüte mit einem Foto in dich selbst!

## BASTELTIPPS UND VARIANTEN

- Wenn du möchtest, dass deine Ziehkarte besonders stabil ist, kannst du sie zusätzlich auf einen festen Karton kleben.
- Wenn deine Papiertüte an ihren Längsseiten nach innen gefaltet ist, klebe sie da zusammen. Um nur einen Brief darin zu verstauen, brauchst du diesen zusätzlichen Platz nicht!
- Schöne runde Augen erhältst du mit einem runden Motivstanzer! Ausstanzen, Pupillen aufmalen, aufkleben und fertig!
- Am besten eignen sich Papiertüten, die nicht allzu sehr zerknüllt sind. Oft werden im Schreibwaren-Geschäft die gekauften Waren in kleinen Papiertüten verpackt oder die Postkarten am Kiosk.
- Wenn du keine passende Papiertüte findest, kannst du auch ein Blatt Papier so falten, dass du eine Tüte erhältst! Mit Klebestreifen fixieren.

# SCHLEIFEN

Aus Papiersäckchen kann man neben gruseligen Monster-Handpuppen, bunten Meerestieren und originellen Ziehkarten auch etwas Tolles für die Faschingszeit basteln: Vorhang auf für diese kunterbunten Papiertüten-Schleifen, die auf keinen Fall beim nächsten Fasching fehlen dürfen!

## BASTELIDEE: REGENBOGEN-SCHLEIFE

1. Male das Papiersäckchen mit bunten Farbstreifen an. Nimm nicht zu viel Farbe, sodass die unterschiedlichen Farben nicht ineinander verlaufen. Warte, bis die Farbe getrocknet ist, und fahre dann die Streifen mit dem dünnen Filzstift nach. Male mit dem schwarzen Stift kleine Verzierungen auf.

2. Falte die Tütenöffnung nach hinten und fixiere sie mit einer Klammermaschine.

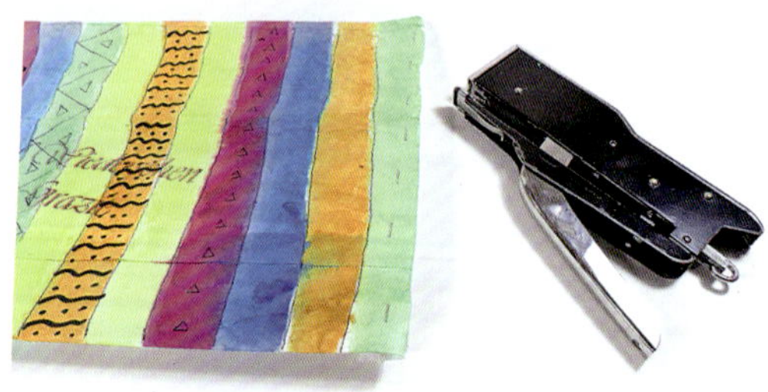

3. Fasse nun die angemalte Papiertüte in der Mitte und drücke sie dort zusammen. Knote ein Stück Schnur darum. Schneide vom gelben Papier einen dünnen Streifen ab, bestreiche ihn mit Kleber und umwickle die zusammengebundene Stelle damit.

## DAS BRAUCHEN WIR

Papiertüte, Schnur, Papier (gelb)

## HILFSMATERIAL

Wasserfarben, Malbecher mit Wasser, Pinsel, Schere, Kleber, schwarzer Filzstift, Klammermaschine, Klebestreifen

## IDEEN FÜR DICH

**Schleife „tragen":** Wie beschrieben, kannst du deine Schleife mit Schnur oder Sicherheitsnadel an deiner Kleidung anbringen. Du kannst sie auch auf einen Haarreifen kleben und als Kopfschmuck tragen oder sie mit einer Schnur an deinem Pferdeschwanz festbinden.

**Faschingsdeko:** Wenn du kein Verkleidungstyp bist, kannst du auch Schleifen nur zu Dekozwecken basteln! Häng sie doch einfach mit bunten Luftschlangen an die Wand, fertig ist die Dekoration!

## BASTELTIPPS UND VARIANTEN

- Für diese Bastelidee eignen sich am besten Brotsäckchen aus Papier. Wenn sie schon zusammengeknüllt wurden, ist dies kein Problem! Die Falten geben den Schleifen sogar einen besonderen Style.
- Um die Schleifen am Hals oder um den Pferdeschwanz zu tragen, bringst du an der Rückseite der Schleife eine Schnur an. Auch ein elastisches Gummiband eignet sich dafür gut.
- Mit einer Sicherheitsnadel, die dir ein Erwachsener mit Heißkleber an der Rückseite der Schleife anbringt, kannst du sie auch sehr dekorativ an der Kleidung feststecken.
- Oft sind Papiertüten beschriftet. Male sie trotzdem an und bringe sie in Form! Oft kann man Schriften dann kaum mehr sehen. Wenn dich eine Schrift trotzdem stört, kannst du buntes Papier darüber kleben oder mit Filzstiften Verzierungen zeichnen!

# ZEITUNGSFALTER

Liebst du es auch, wenn im Frühling langsam die Natur aus dem Winterschlaf erwacht und alles im Nu in einer herrlichen Farbenpracht blüht? Kein Wunder, dass sich an den bunten Blumen nicht nur wir, sondern auch Schmetterlinge und andere Insekten erfreuen. Für diese farbenfrohen Papierfalter brauchst du nur zwei Bastelmaterialien: Zeitungspapier und buntes Papier!

## BASTELIDEE: BLAUER LÖWENAUGEN-FALTER

1. Schneide aus dem Zeitungspapier ein Rechteck aus.

2. Drücke das Rechteck so zusammen, dass du eine längliche Form erhältst. Nimm das Zeitungsstück nun in die Hände: Deine linke Hand sollte ein Ende und deine rechte Hand das andere Ende halten. Drehe nun mit einer Hand nach vorne und mit der anderen nach hinten! Das Zeitungspapier wird in dieser Weise so stabil, dass du es gar nicht mit Kleber fixieren musst.

3. Nimm das hellblaue Papier doppelt und schneide Flügel aus. Schneide aus dem orangen und gelben Papier ovale Formen aus und bringe sie an den Flügeln an. Bestreiche die Flügelmitte mit etwas Kleber und drücke den gedrehten Zeitungskörper darauf.

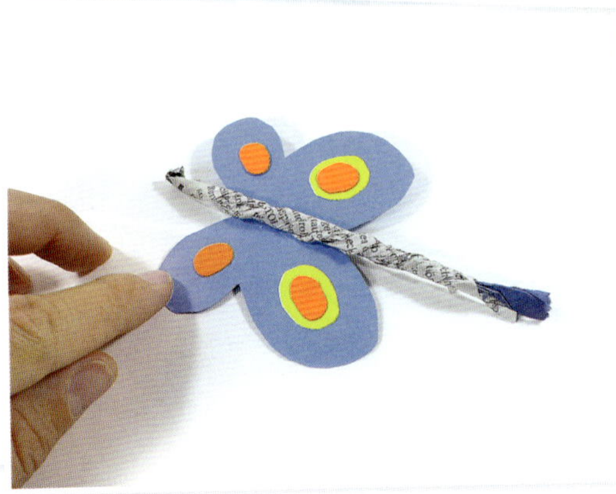

## DAS BRAUCHEN WIR

Zeitungspapier, Papier (hellblau, gelb, orange)

## HILFSMATERIAL

Schere, Kleber

## IDEEN FÜR DICH

**Schmetterlings-Schwarm:** Bringe an den Rückseiten deiner Schmetterlinge Klebestreifen-Röllchen an und drücke sie direkt auf die Wand, auf Möbel, Türen, Fenster ... Du wirst sehen, wie toll mehrere Schmetterlinge gemeinsam wirken.

**Blumenstecker:** Bringe an der Rückseite des Schmetterlings einen Schaschlikspieß mit etwas Klebestreifen an! So hast du im Handumdrehen einen niedlichen Blumenstecker gebastelt!

## BASTELTIPPS UND VARIANTEN

- Du kannst für die Flügel buntes Papier, schön gemustertes Motivpapier oder Buchseiten verwenden.
- Wenn du die Flügel besonders stabil machen willst, klebe sie zusätzlich auf einen festen Karton, nimm das Papier doppelt oder verwende Bastelkarton.
- Gestalte deine Schmetterlinge bunt: Klebe dafür ausgeschnittene Papierformen, Papierschnipsel oder zusammengeknüllte Papierstückchen auf.
- Originelle Flügel erhältst du, wenn du mit Wasserfarben ein weißes Blatt anmalst und die Farben ineinanderlaufen lässt! Schneide, sobald die Farbe trocken ist, Schmetterlingsflügel daraus aus und bringe den gedrehten Zeitungskörper an. Auch Buchseiten lassen sich mit Wasserfarben gut anmalen.

# PAPIERHÜTE & KOPFSCHMUCK

Hüte aus Zeitungen zu falten ist bekannt und hat schon vielen Menschen einen überhitzten Kopf erspart! Hast du aber mal daran gedacht, einen faden Zeitungspapier-Hut in einen Piratenhut zu verwandeln? Aber auch anderer Kopfschmuck lässt sich leicht herstellen.

## BASTELIDEE: PIRATENHUT

1. Nimm eine geschlossene Zeitungsdoppelseite und male sie auf einer Seite mit blauen Wasserfarben an. Lass die Farbe trocknen!

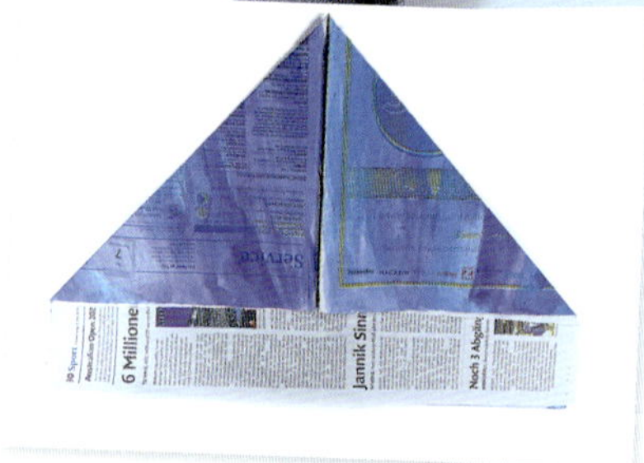

2. Drehe die Zeitungsseite um und lege sie so vor dich, dass die Öffnung nach unten zeigt. Falte die Zeitung zur Hälfte (wie ein Buch), sodass du in der Mitte eine Faltlinie erhältst, und öffne sie wieder. Falte die beiden oberen Ecken bis zur Mittellinie. Befestige sie mit etwas Klebestreifen.

3. Falte nun die untere Kante nach oben.

4. Drehe den Papierhut um und wiederhole diesen Schritt. Klappe die überstehenden Ecken rechts und links nach hinten und befestige auch diese mit etwas Klebestreifen.

5. Zeichne auf dem weißen Papier einen Totenkopf auf, schneide ihn aus und klebe ihn auf den Papierhut.

6. Optional: Damit dein Hut gut sitzt, schneide von der Wellpappe einen Streifen ab und lege ihn um den Kopf. Bitte einen Erwachsenen, den Streifen mit Heißkleber in der passenden Weite zu fixieren. Anschließend wird der Streifen mit Heißkleber in das Hutinnere geklebt.

## DAS BRAUCHEN WIR

Zeitungspapier, Papier (weiß), Wellpappe (optional)

## HILFSMATERIAL

Wasserfarben, Malbecher mit Wasser, Pinsel, Schere, Kleber, schwarzer dicker Stift, Klebestreifen, Heißkleber (optional)

## IDEEN FÜR DICH

**Hüte über Hüte:** Es braucht Hüte gegen die Sonne, Hüte für wilde Piratenspiele, Hüte als schickes Kostümaccessoire, als Dekoration, für Rollenspiele und und und! Überlege dir, für was alles du einen Hut gebrauchen kannst, und lege mit dem Basteln los!

## BASTELTIPPS UND VARIANTEN

- Wenn du einen Wellpappe-Streifen im Inneren fixierst, sitzt der Hut gut und verrutscht nicht:
  nicht einmal bei den wildesten Piratenspielen! Falls du ihn nur brauchst, um deinen Kopf vor der Sonne zu schützen, kannst du den Hut auch einfach so aufsetzen oder eine Schnur daran befestigen.
- Natürlich muss es kein Piratenhut sein! Die Papierhüte machen sich auch gut, wenn du sie bunt anmalst und mit farbigem Papier (z. B. Blumen, Herzen ...) beklebst.
- Wenn die Farbe schneller trocknen soll, kannst du die Hüte mit einer niedrigen Temperatur fönen.

Kopfbänder:

- So gehst du bei den Kopfbändern vor: Zuerst anmalen, dann mit Papier gestalten. Für einen Indianer-Kopfschmuck vertikale Streifen aufmalen, mit einem schwarzen Stift nachfahren und Muster aufzeichnen, Papierschnipsel aufkleben und Papierfedern aufkleben.
- Mit einer Büroklammer kannst du die Größe eines Kopfbandes ganz einfach regulieren. Wenn du möchtest, kannst du die passende Weite auch fixieren, indem du die Enden des Kopfschmucks aneinander tackerst.

# DRACHE

Aus Zeitungspapier kann man schnell und einfach diese bunten Drachen basteln, die in die oft so düstere und windige Herbstzeit viel Farbe und Freude bringen! Man kann sie zwar nicht steigen lassen, aber auch als bloße Dekoration machen sie sich gut ...

## BASTELIDEE: DRACHE MIT ORANGER NASE

1. Trenne eine einzelne Seite aus der Zeitung heraus und falte sie in der Mitte. Bemale eine Seite mit bunten Wasserfarben und warte, bis die Farbe trocken ist.

2. Drehe das Zeitungspapier um, sodass die angemalte Seite nach unten zeigt. Lege das Zeitungspapier so vor dich, dass die längere Seite parallel zu dir liegt. Falte nun das Zeitungsblatt in der Mitte, indem du den oberen Rand nach unten faltest und anschließend wieder öffnest. Falte nun die unteren und oberen Ecken bis zur Faltlinie und befestige sie mit Klebestreifen.

3. Um die typische Drachenform zu erhalten, faltest du eine untere, gerade erhaltene Ecke nach innen. Fixiere sie mit Klebestreifen. Wiederhole das Gleiche mit der genau gegenüberliegenden oberen Ecke.

4. Schneide aus dem weißen Papier zwei runde Augen aus, male die Pupillen auf und bringe sie am Drachen an. Zeichne einen Mund auf das weiße Papier, schneide ihn großzügig aus und klebe ihn auf. Schneide aus dem orangen Papier eine Nase und klebe sie auf. Schneide aus dem grünen Papier drei Dreiecke aus und klebe sie auf die obere und die seitlichen Ecken.

5. Drehe den Drachen um, befestige an der unteren Ecke mit Klebestreifen ein Stück Schnur und drehe ihn anschließend wieder um. Schneide aus dem gelben und grünen Papier kleine Rechtecke aus und falte sie mittig. Schneide aus den so erhaltenen Quadraten Dreiecke aus. Öffne die Dreiecke, bestreiche eine Seite mit etwas Kleber, lege die Juteschnur genau in deren Faltlinie und drücke die Dreiecke wieder zusammen.

## DAS BRAUCHEN WIR

Zeitungspapier, Papier (weiß, orange, gelb, grün), Schnur

## HILFSMATERIAL

Wasserfarben, Malbecher mit Wasser, Pinsel, Schere, schwarzer Filzstift, Kleber, Klebestreifen

## IDEEN FÜR DICH

**Farbenfrohe Herbstdekoration:** Du kannst die Drachen direkt an einer Wand, einem Fenster oder einer Tür anbringen oder sie z. B. von der Zimmerdecke herunterhängen lassen. Wenn du sie auf euren Balkon oder eure Terrasse hängst, tanzen sie im Wind! Achte aber darauf, dass sie vor Regen geschützt sind: Papier und Wasser vertragen sich nämlich gar nicht gut!

## BASTELTIPPS UND VARIANTEN

- Den Drachenschwanz kannst du wie soeben beschrieben mit kleinen Dreiecken gestalten. Wenn du möchtest, schneide aus dem bunten Papier auch Punkte heraus, falte sie in der Mitte und bringe sie entlang der Juteschnur an. Wenn du deine Schnur mit ganzen Punkten gestalten möchtest, solltest du immer einen Punkt mit Kleber bestreichen, die Juteschnur darauflegen und einen anderen Punkt darauflegen. Du kannst auch mit bunter Wolle kleine, bunte Schleifen entlang der Schnur binden.
- Wenn du möchtest, dass die Farben ineinanderlaufen, solltest du etwas mehr Wasser beim Anmalen verwenden!
- Du kannst die Drachen beliebig anmalen oder mit den Wasserfarben z. B. Streifen oder Kreise aufmalen.
- Wenn du möchtest, dass dein Drache auch beim Aufhängen einen welligen Schwanz hinter sich herzieht, kannst du einige kleine Klebestreifen-Röllchen auf den Rückseiten der Papierelemente anbringen und sie in der gewünschten Form aufkleben.

# GESCHENKVERPACKUNGEN

Brauchst du eine nette Verpackung für ein Geschenk – ganz ohne Einkaufen? Dann bist du auf dieser Seite hier goldrichtig! Ich verrate dir nämlich, wie du in wenigen Schritten ein Zeitungspapier in eine tolle, weihnachtliche Verpackung verwandeln kannst.

## BASTELIDEE: RENTIER MIT SCHAL

1. Male eine Zeitungsdoppelseite einseitig mit hellbrauner Wasserfarbe an. Trocknen lassen.

2. Lege die Zeitung mit der angemalten Seite nach unten so vor dich hin, dass die kurzen Seiten parallel zu dir liegen. Falte nun den oberen und unteren Rand so weit nach innen, bis sie sich treffen. Fixiere sie mit Klebestreifen.

3. Nimm nun den linken Rand, klappe ihn für einige Zentimeter nach innen und wieder zurück.

4. Stecke deine Finger in den soeben umgeknickten Rand und drücke beide Seiten zuerst auseinander und dann nach unten. Falte den linken und rechten Rand bis zur Mittellinie und klebe sie mit Klebestreifen zusammen.

5. Falte nun den oberen und unteren Rand so wie auf dem Foto nach innen und streiche kräftig darüber. Drehe die Papiertüte um und wiederhole genau das Gleiche! Du erhältst oben und unten eine gut sichtbare Faltlinie!

6. Öffne die Tüte vorsichtig, stecke die Hand hinein und bringe sie in Form. Biege den oberen Rand (ca. 1 cm) nach hinten und beginne mit dem Gestalten: Schneide aus dem weißen Papier zwei runde Augen aus, zeichne die Pupillen auf und klebe sie am Rentier fest. Schneide aus dem roten Papier eine Nase, aus dem hellblauen

## DAS BRAUCHEN WIR

Zeitungspapier (Doppelseite), Papier (weiß, rot, hellblau, dunkelbraun), braunes Packpapier, Buchseite, kleine Holzklammer

## HILFSMATERIAL

Wasserfarben, Malbecher mit Wasser, Pinsel, Schere, Kleber, schwarzer Filzstift, Klebestreifen

Papier einen Schal, aus dem dunkelbraunen zwei Hörner und aus dem Packpapier die Ohren aus. Schneide das Ohrinnere aus der Buchseite aus und bringe es an den Ohren an. Klebe alle ausgeschnittenen Papierteile auf und zeichne einen Mund.

## BASTELTIPPS UND VARIANTEN

- Da das Falten dieser Verpackungen etwas schwieriger ist, empfiehlt es sich, die Tüte gemeinsam mit einem Erwachsenen zu falten.
- Es wird eine Zeitungsdoppelseite verwendet, um so die Tüte stabiler zu machen.
- Für das Gestalten der anderen Geschenkverpackungen gehst du gleich vor: Zeitungspapier anmalen, falten und Papierdetails aufkleben!
- Wenn du vorhast, ein etwas schwereres Geschenk in der Geschenktüte zu verpacken, ist es sinnvoll, den Tütenboden zu verstärken: Dafür ein Pappestück auf die richtige Größe zuschneiden und in der Tüte auf den Boden legen.

## IDEEN FÜR DICH

**Geschenktüte:** Fülle deine Geschenktüte nach Belieben! Zum Verschließen biegst du den oberen Rand um und befestigst ihn mit einer kleinen Holzklammer! Wenn du möchtest, könntest du mit der Holzklammer auch eine kleine Weihnachtskarte anbringen!

**Geschenktasche mit Henkel:** Mit der soeben beschriebenen Technik kannst du nicht nur Geschenktüten, sondern auch Geschenktaschen gestalten. Für die Taschen am oberen Rand zwei Henkel zum Tragen befestigen (mit einem Locher Löcher machen und diese durchziehen oder mit einer Klammermaschine am oberen Tütenrand festklammern).

# GESCHENKTÜTEN

Aus ganz gewöhnlichen Kaffeefiltern kann man im Handumdrehen und ganz einfach niedliche Geschenktüten für nette Kleinigkeiten zaubern! Vielleicht eine kleine Tüte mit einem Geburtstagsgeschenk, vielleicht ein schönes Armband für Mama zum Muttertag oder vielleicht einfach nur einen hübsch verpackten Glücksstein – die Beschenkten freuen sich ganz bestimmt darüber.

## BASTELIDEE: GESCHENKTÜTE MIT ERDBEEREN

1. Schneide aus dem roten und grünen Papier zwei Erdbeeren aus, fahre die Umrisse mit dem schwarzen Filzstift nach und klebe sie auf. Stanze mit dem Locher einige grüne und vier weiße Punkte aus. Male auf die weißen Punkte Pupillen und klebe die grünen auf den Kaffeefilter. Schneide aus weißem Papier eine Sprechblase aus, schreibe etwas hinein und klebe sie auf.

2. Nimm den Locher und stanze entlang des Kaffeefilterrandes (nicht zu knapp!) mehrere Löcher.

3. Befülle deine Geschenktüte mit einer kleinen Überraschung. Fädle nun die Schnur durch die Löcher: von links nach rechts und dann von rechts nach links. Mache eine Schleife mit den beiden Schnurenden!

## DAS BRAUCHEN WIR

Kaffeefilter, Papier (weiß, rot, grün), Schnur

## HILFSMATERIAL

Schere, Locher, Kleber, schwarzer Filzstift

## IDEEN FÜR DICH

**Vielfältig einsetzbar:** Die Kaffeefilter-Geschenkstüten sind toll, da du sie beliebig und individuell gestalten kannst! Sie sind zu jedem Anlass verwendbar: Egal ob Muttertag, Vatertag, Weihnachten, Ostern, Nikolaus, Schulanfang, Geburtstage ... mit ein bisschen Fantasie und Geschick kannst du selbst verschiedenste und originelle Geschenktüten gestalten.

**Befüllen:** Die Tüten eignen sich für kleine Geschenke wie beispielsweise Freundschaftsbänder, Glücksbringer, Süßigkeiten, Sticker usw.

## BASTELTIPPS UND VARIANTEN

- Verwende bunte Papiere, kleine Zeichnungen, Motivpapier, Papierschnipsel usw., um deine Kaffeefilter zu gestalten!
- Du kannst deinen Kaffeefilter auch mit Buntstiften verzieren! Muster kannst du mit einem schwarzen Stift nachzeichnen, sodass man sie besser sieht!
- Kleine Sprechblasen aus Papier kannst du gut nutzen, um dem Beschenkten eine kleine Botschaft zukommen zu lassen oder deinem Kaffeefilter das gewisse Extra zu verleihen.
- Wenn du am oberen Rand des Kaffeefilters kleine Löcher machst, kannst du Garn oder Wolle dort durchfädeln und festknoten und so deinem Kaffeefilter eine Frisur verleihen.

# HANDPUPPEN

Sommer, Sonne, Gartenzeit: Wie wäre es denn, ein kleines Handpuppen-Theater im Garten zu organisieren, mit Einladungen, Platzzuweisungen, Eintrittsticket und allem Drum und Dran? Die Hauptfiguren der Show fertigst du einfach aus Kaffeefiltern an! Dann würde ich mal sagen: Lasst die Show beginnen!

## BASTELIDEE: MÄDCHEN MIT BLUME IM HAAR

1. Nimm einen Kaffeefilter und biege beide Ränder etwas nach innen. Befestige sie mit Kleber und drehe den Kaffeefilter dann um.

2. Schneide aus dem hellrosaroten Papier einen runden Kopf aus. Zeichne mit einem schwarzen Filzstift ein Gesichtchen auf und klebe den Kopf am Kaffeefilter oben fest. Reiße das Packpapier in kleine Stückchen und klebe sie als Haare auf. Fertige aus dem orangen und roten Papier eine kleine Blume an und klebe sie ins Haar.

3. Stanze orange, rote und gelbe Punkte aus und klebe sie auf das Kleidchen. Zum Schluss schneidest du noch zwei Hände aus und fixierst sie ebenso.

## DAS BRAUCHEN WIR

Kaffeefilter, Papier (hellrosa, rot, orange, gelb), Packpapier

## HILFSMATERIAL

Schere, Kleber, schwarzer Filzstift, Stanzer (rund)

## IDEEN FÜR DICH

**Theater:** Wie oben beschrieben, kannst du dein eigenes Handpuppen-Theater machen und deine Familie, Freunde und Nachbarn einladen! Bücke dich einfach und verstecke dich hinter einem Tisch. Schon hast du eine Bühne! Vielleicht kannst du ja auch noch Bäume, ein kleines Haus, Autos usw. aus Papier für dein Bühnenbild basteln und an der Tischkante befestigen.

**Handpuppen mit Fotos:** Wie wäre es, Gesichtsfotos von Menschen auszudrucken und diese als Handpuppen nachzubasteln? Mmm ... Das könnte vielleicht lustig werden ...

## BASTELTIPPS UND VARIANTEN

- Du kannst beliebige Stanzer verwenden! Wenn du keine Stanzer zur Verfügung hast, kannst du kleine Formen aus dem Papier einfach ausschneiden oder bereits vorgefertigte Papierschnipsel aufkleben!
- Neben Papier kannst du natürlich auch andere Materialien (z. B. Perlen, Stoffreste, Wolle, Knöpfe ...) zum Dekorieren verwenden!
- Wenn du sehr kleine, zarte Hände hast, kannst du die Kaffeefilter-Ränder etwas weiter nach innen biegen und sie dann mit Kleber befestigen. So wird die Handpuppe etwas enger und sitzt besser.
- Mädchen, Buben, Großmütter, Piraten, Schmetterlinge, Hasen, Koalas, Katzen, Monster, Prinzessinnen und noch viel mehr Handpuppen kannst du aus Kaffeefiltern ganz einfach selbst basteln!

# HERBSTMOBILE

Jeden Tag im Herbst wird die Natur bunter und das Wetter ein bisschen kälter. Wir ziehen wärmere Klamotten an, heizen die Wohnung, wärmen uns mit heißer Schokolade. Viele Tiere sind aber draußen und bereiten sich auf einen langen, eiskalten Winter vor. Unser kleiner Igel und der Fuchs haben es in diesem Bastelbuch und in eurem Zimmer bestimmt kuscheliger ...

## BASTELIDEE: IGEL

1. Nimm den Kaffeefilter und zeichne mit den braunen Buntstiften die Stacheln des Igels auf. Schneide dann mit der Schere am oberen Rand einige Dreiecke heraus.

2. Nimm das braune Papier und das Zeitungspapier und schneide einige Papierstreifen ab. Klebe diese nun kreuz und quer über den Kaffeefilter. Nimm das beige Papier, schneide einen Igelkopf aus und klebe ihn an. Schneide aus dem schwarzen Papier eine runde Nase aus und klebe sie auf. Zeichne mit dem schwarzen Filzstift das Auge und den Mund des Igels.

3. Nimm die Schnur und mache an einem Ende eine kleine Schlaufe. Drehe den Igel um und befestige ihn etwas unterhalb der Schlaufe mit Klebestreifen. Knote nun nach und nach deine Herbst-Fundstücke vorsichtig an der Schnur fest. Wenn du möchtest, kannst du am Ende der Schnur eine Holzperle festbinden, um die Schnur etwas schwerer zu machen.

## DAS BRAUCHEN WIR

Kaffeefilter, Papier (dunkelbraun, schwarz, beige), Schnur, gesammelte Naturmaterialien (z. B. gepresste Herbstblätter, Bucheckern, Eicheln, Hagebutten, Kastanien ...), eventuell eine größere Holzperle

## HILFSMATERIAL

Kleber, Schere, Klebestreifen, schwarzen Filzstift, Buntstifte (verschiedene Brauntöne)

## IDEEN FÜR DICH

**Herbstbild:** Wer kein Mobile machen möchte, kann ein Blatt Papier mit gepressten Herbstblättern bekleben oder mit Wasserfarben herbstlich anmalen und das gebastelte Kaffeefilter-Tier einfach in die Mitte kleben.

**Herbstblätter basteln:** Wer nicht mit Materialien aus der Natur arbeiten möchte, kann ein weißes Blatt Papier mit verschiedenen herbstlichen Wasserfarben anmalen, trocknen lassen, blätterähnliche Formen ausschneiden und an der Schnur befestigen.

## BASTELTIPPS UND VARIANTEN

- Die Fundstücke an der Schnur können wie im Beispiel einfach festgebunden werden. Wenn man empfindliche, gepresste Herbstblätter an der Schnur anbringen möchte, kann man ...
  - deren Stängel mit Klebestreifen an der Schnur festkleben und den Klebestreifen dann mit einem bunten Papierstreifen umwickeln und festkleben.
  - Holzperlen auffädeln und festknoten. In die Perlenlöcher wird dann vorsichtig etwas Bastelkleber gedrückt und der Stängel des Blattes hineingesteckt.
- Natürlich kannst du nicht nur mit Igeln Herbstmobiles machen! Wie wäre es mit einem schlauen Fuchs oder einer klugen Eule? Oder hast du vielleicht sonst eine Idee?

# RENTIER

Ho, ho, ho ... Brauchst du etwa eine Idee, wie man niedliche Weihnachtskarten selber basteln oder einen schönen, etwas anderen Adventskalender gestalten kann? Super, dann bist du auf dieser Seite genau richtig!

## BASTELIDEE: RENTIERKARTE

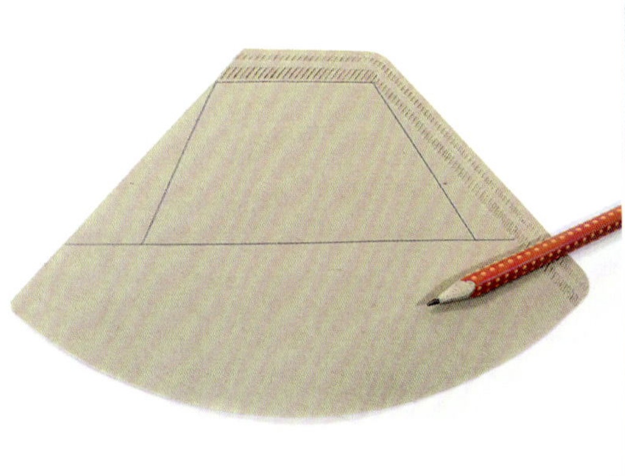

1. Nimm einen Bleistift und zeichne wie im Bild Linien (Trapez) auf den Kaffeefilter! Du kannst dazu ein Lineal verwenden. Den Bereich außerhalb dieser Form schneidest du weg! Du erhältst dann zwei gleichgroße Trapeze, die du als Rentierköpfe verwenden kannst!

2. Nimm einen Rentierkopf und klebe ihn auf die weiße Tonpapier-Karte. Schneide aus dem Kaffeefilter-Abfall, den du gerade weggeschnitten hast, zwei Ohren aus und klebe sie auf. Schneide aus dem roten Papier eine runde Nase und aus dem braunen Papier Hörner aus! Klebe die ausgeschnittenen Sachen auf. Schneide aus dem weißen Papier zwei runde Augen, zeichne die Pupillen auf und befestige die Augen am Rentierkopf. Zeichne den Mund auf!

3. Schneide zum Schluss aus dem gelben Papier Sterne aus und gestalte mit diesen den Hintergrund.

## DAS BRAUCHEN WIR

Kaffeefilter*, weiße Tonpapier-Karte, Papier (weiß, braun, rot, gelb)

## HILFSMATERIAL

Schere, Bleistift, Kleber, schwarzer Filzstift, eventuell Lineal

* Ein Kaffeefilter reicht für zwei Rentiere

## IDEEN FÜR DICH

Die **Rentier-Weihnachtskarten** kannst du mit weihnachtlichen Wünschen füllen und diese dann verschenken! Oder wie wäre es denn, die Wunschkarten mit der Post, so wie es früher ganz normal war, zu verschicken?

**Aufhänge-Rentiere** machen sich super als winterliche Dekoration für Fenster, Wände, Türen ...

## BASTELTIPPS UND VARIANTEN

- Nimm das dunkelbraune Papier beim Ausschneiden der Hörner und das weiße Papier beim Ausschneiden der Augen doppelt, sodass du zwei exakt gleiche Hörner bzw. Augen erhältst!
- Der Hintergrund der Rentierkarten lässt sich mit Buntstiften gestalten (wie im Beispiel), aber auch mit kleinen Papierformen verschönern. Am besten eignen sich dafür kleine Motivstanzer! Auch Glitzerstifte verleihen den Karten einen weihnachtlichen Touch!
- Aus Kaffeefiltern können auch knuffige Aufhänge-Rentiere gemacht werden. Dafür einfach die äußeren Ränder des Kaffeefilters nach innen biegen, mit Kleber befestigen, Kaffeefilter umdrehen und das Gesicht wie gerade beschrieben gestalten. Zum Schluss an der Rückseite einen Faden fürs Aufhängen befestigen! Fertig!

# MINICOLLAGEN

Schauen diese Minicollagen nicht spitzenmäßig aus? Noch viel spitzenmäßiger ist aber, dass du für ihre Herstellung nur alte Buchseiten, Wasserfarben und geschickte Hände beim Reißen brauchst!

## BASTELIDEE: BLUMEN

1. Nimm eine alte Buchseite. Male sie mit unterschiedlichen Wasserfarben an (grün für den Stängel und die Blätter, gelb, orange, rot und pink für die Blütenblätter und blau für die Blüte). Lass die Farbe gut trocknen!

2. Reiße vorsichtig die angemalte Buchseite in Teile, die du für die Blume benötigst: Nimm den grün angemalten Bereich und reiße einen Stängel und zwei Blätter zurecht. Reiße aus der restlichen Seite noch die Blüte und die Blütenblätter zurecht.

3. Lege alle ausgerissenen Teile vor dich hin. Wenn du mit dem Ergebnis zufrieden bist, klebst du sie auf das orange Papier!

## DAS BRAUCHEN WIR

Alte Buchseiten, Papier (orange)

## HILFSMATERIAL

Wasserfarben, Malbecher mit Wasser, Pinsel, Kleber

## IDEEN FÜR DICH

**Zum Verschenken:** Die Minicollagen können als Geschenkanhänger oder Glückwunschkärtchen verwendet werden. Wenn du sie auf braunes Packpapier klebst, erhältst du originelles Geschenkpapier!

**Große Collagen:** Diese Minicollagen müssen nicht unbedingt „mini“ sein! Mit der soeben beschriebenen Technik kannst du auch große Bilder zu einem bestimmten Thema gestalten. Wie wäre es zum Beispiel mit einer Stadt, einer Landschaft, verschiedenen Tieren, Menschen usw., alle mit der Reißtechnik dargestellt?

## BASTELTIPPS UND VARIANTEN

- Wichtig ist, dass du beim Reißen beide Finger verwendest! So kannst du die Reißlinie besser kontrollieren und leichter Kurven, Zacken und gerade Linien reißen.
- Wenn du beim Bemalen mit den Wasserfarben etwas mehr Wasser verwendest, vermischen sich die Farbe und du erhältst wunderschöne Aquarell-Effekte, die den Collagen das gewisse Etwas verleihen!
- Du möchtest eine gerade Linie erhalten? Dann legst du ganz einfach ein Lineal oder ein Buch auf die Buchseite und reißt vorsichtig entlang!
- Verwende bei Figuren einen schwarzen Filzstift, um Augen, Nase, Mund usw. besser sichtbar zu machen.
- Wenn du keine flüssige Farbe verwenden möchtest, kann du die Buchseiten auch mit Buntstiften anmalen.

# LESEZEICHEN

Diese kunterbunten, aus Buchseiten hergestellten Lesezeichen verleihen jedem Buch – egal ob superspanned oder stinklangweilig – ganz schön Pfiff, findest du nicht?

## BASTELIDEE: LAMA

1. Schneide von der Buchseite einen rechteckigen Streifen ab. Nimm die Wasserfarbe und male den Streifen beige an. Lass die Farbe trocknen!

2. Schneide wellenförmig an allen Linien entlang. Nimm das beige Papier, schneide Lama-Ohren aus und eine kleine Wolke, auf die du das Gesicht des Lamas zeichnest. Klebe alle Teile auf die angemalte Buchseite.

3. Male mit den Buntstiften farbige Punkte auf das Lama und fahre sie mit dem schwarzen Filzstift nach.

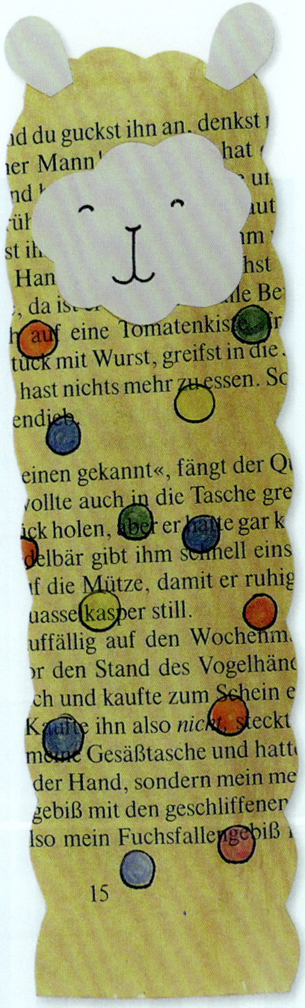

## DAS BRAUCHEN WIR

Alte Buchseite, Papier (beige)

## HILFSMATERIAL

Wasserfarben, Malbecher mit Wasser, Pinsel, Kleber, Schere, schwarzer Filzstift, Buntstifte

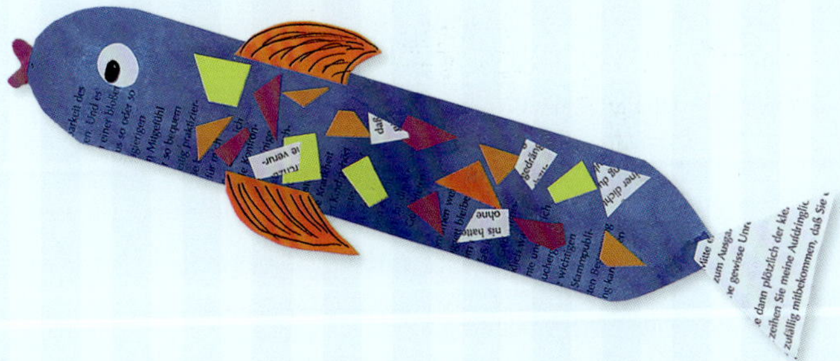

## IDEEN FÜR DICH

**Geschenksidee:** Sobald du das nächste Mal ein Buch verschenkst, leg doch ein selbst gemachtes Lesezeichen dazu! Das macht das Ganze noch viel persönlicher!

## BASTELTIPPS UND VARIANTEN

- Wenn du keine Buchseite zum Basteln verwenden möchtest, nimm doch einfach Zeitungspapier und klebe es zusätzlich auf einen festeren Karton.
- Du kannst die Punkte auch aus buntem Papier ausstanzen und aufkleben. Wenn du keinen Stanzer hast, kannst du mit einer Schere selbst Kreise ausschneiden. Nimm dabei das Papier
doppelt oder dreifach: Das spart Zeit und du erhältst gleich große Punkte.
- Deine Lesezeichen kannst du auch mit Garn und Wolle verzieren: Einfach kleine Löcher in den oberen Rand stanzen, Garn/Wolle reinstecken und festknoten! Diese lustigen Mähnen schauen dann wuschelig über den Buchrand hinaus!
- Du kannst die Buchseiten mit Wasserfarben, aber genauso gut auch mit Filzstiften oder Buntstiften bemalen! Wenn du deine Verzierungen oder Zeichnungen mit einem schwarzen Filzstift nachfährst, sind die Konturen besser erkennbar.

# BRIEFUMSCHLÄGE

Heutzutage verschickt man SMS, WhatsApp-Nachrichten oder E-Mails. Wann hast du also zum letzten Mal einen Brief geschrieben, schön verziert und verschickt? Dann wird es höchste Zeit! Egal ob an deine Oma, deinen Cousin oder an deinen Fußballtrainer: Die Empfänger deiner Nachricht freuen sich ganz bestimmt über eine so unerwartete Überraschung!

## BASTELIDEE: BRIEFUMSCHLAG MIT KIND

1. Bemale die Buchseite mit Wasserfarbe. Warte, bis die Farbe getrocknet ist.

2. Falte die Buchseite genau in der Mitte. Lege nun den so entstandenen Briefumschlag so vor dich hin, dass die längeren Seiten parallel zu deinem Bauch liegen. Biege den rechten und linken Rand nach hinten und befestige beide mit Klebestreifen.

3. Zeichne auf das weiße Papier ein Kind auf und male dieses mit Buntstiften an. Klebe die Zeichnung nun auf deinen Briefumschlag. Zum Schluss schneidest du noch ein Rechteck aus dem weißen Papier und klebst es als Adressenfeld auf.

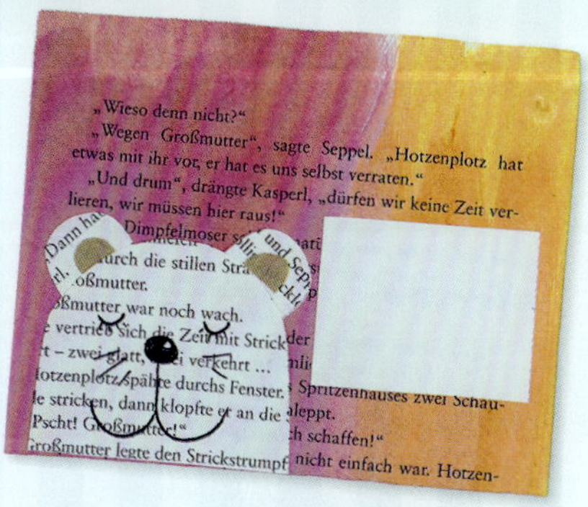

## DAS BRAUCHEN WIR

Alte Buchseite, Papier (weiß)

## HILFSMATERIAL

Wasserfarben, Malbecher mit Wasser, Pinsel, Kleber, Schere, schwarzer Filzstift, Klebestreifen, Buntstifte

## IDEEN FÜR DICH

**Brieffreundschaft:** Sobald du das nächste Mal im Urlaub einen neuen Freund bzw. eine neue Freundin kennenlernst und auch nach dem Ferienaufenthalt noch in Kontakt bleiben möchtest, tauscht doch nicht Handynummern oder E-Mail-Adressen aus, sondern Wohnadressen und beginnt eine traditionelle Brieffreundschaft, die heutzutage leider zu etwas sehr Seltenem, aber dafür sehr Besonderem geworden ist!

## BASTELTIPPS UND VARIANTEN

- Hinweis zum Verschließen: Sobald du deinen Briefumschlag gefüllt hast, biegst du den oberen Rand nach hinten und befestigst ihn mit Klebestreifen.
- Du kannst die Buchseiten auch „natur" belassen und mit Buntpapier strahlende Akzente setzen.
- Wenn du möchtest, kannst du auch mit Buntstiften kleine Muster verstreut über den Briefumschlag aufmalen!
- Du kannst auch kleine Zeichnungen (z. B. von Kürbissen) mit Buntstiften anfertigen und ausgestanzte Augen aufkleben!
- Altes Geschenkpapier und Landkarten machen sich auch sehr gut als originelle Briefumschläge!

# NOTIZHEFTCHEN

Über das ganze Jahr gibt es immer viel zu tun und vieles zu merken: Termine, Besorgungen, Geburtstage ... Manchmal ist es geschickt, sich einige Notizen zu machen. Die folgenden Heftchen helfen dir bestimmt dabei, nichts zu vergessen.

## BASTELIDEE: SCHILDKRÖTEN-NOTIZHEFTCHEN

1. Falte die Buchseite genau in der Mitte, sodass du bereits einen kleinen Buchumschlag erhältst. Schneide aus dem dunkelgrünen Papier den Panzer und aus dem hellgrünen Papier den Kopf, die Schildkrötenbeine und den Schwanz aus und klebe die ausgeschnittenen Teile auf. Zeichne die Augen auf.

2. Klebe die bunten Papierschnipsel kreuz und quer über den Panzer und verziere sie anschließend mit dem schwarzen Filzstift. Zeichne außerdem Krallen auf.

3. Schneide ein gelbes Blatt oder die gelben Blätter zurecht, sodass sie in deinem Buchumschlag genau Platz haben. Öffne ihn, lege die Blätter hinein und fixiere sie mit der Klammermaschine. Fertig.

## DAS BRAUCHEN WIR

Alte Buchseite, Papier (hellgrün, dunkelgrün), gelbe Blätter zum Füllen, Papierschnipsel

## HILFSMATERIAL

Kleber, Schere, schwarzer Filzstift, Klammermaschine

## IDEEN FÜR DICH

**Mitbringsel:** Gemeinsam mit einem hübschen Stift machen sich die selbstgebastelten Büchlein gut als Mitbringsel.

**Für Notizen:** Die Notizheftchen kann man einfach in der Tasche haben und schnell herausziehen, um etwas zu notieren.

**Leere Schulheftseiten verwenden:** Das Schuljahr ist um und dein Matheheft erst halb voll? Lass die leeren Seiten nicht im Schulheft „vergammeln"! Schneide sie heraus (unbedingt einen Rand zu den Klammern in der Mitte lassen, sonst fällt dein Heft auseinander!) und verwende diese für dein Notizheftchen.

## BASTELTIPPS UND VARIANTEN

- Natürlich kannst du die Buchseiten auch mit Wasserfarben anmalen, um sie so farbenfroher zu machen.
- Wer möchte, klebt weiße Etiketten oder einfach Papierrechtecke auf die Heftchen, um so einen kleinen Platz zum Schreiben zu schaffen!
- Du kannst auch deine Finger mit einer rosaroten Wasserfarbe anmalen, Fingerabdrücke aufstempeln und diese mithilfe eines schwarzen Filzstiftes in lustige Männchen verwandeln.
- Toll sehen die Büchlein auch aus, wenn nicht weißes, sondern buntes Papier für die Innenseiten verwendet wird. Was würdest du von Regenbogen-Innenseiten halten?

# COLLAGENTIERE

Warum denn alte Magazine, Prospekte, Zeitschriften usw. gleich zum Altpapier geben und entsorgen? Blättere sie doch einmal durch und nimm die wunderschönen Farben wahr – die vielen bunten Bilder, die auffallenden Schriften, die farbenfrohen Hintergründe! Solche Schätze dürfen keinesfalls im Müll landen, sondern sollen es sich auf dem Basteltisch gemütlich machen!

## BASTELIDEE: WACKELKANINCHEN

1. Schneide aus der Pappe eine ovale Form aus. Durchblättere die Magazine, Prospekte und Zeitschriften und suche nach der Farbe „braun" (Bildteile, Hintergründe, Schriften usw.). Reiße die braunen Teile vorsichtig heraus.

2. Klebe die braunen Papierstückchen kreuz und quer über die ovale Pappform. Schneide dann aus dem weißen Papier zwei Punkte aus, zeichne Pupillen darauf und klebe sie auf. Schneide aus dem dunkelbraunen Papier zwei Kaninchenohren und aus dem rosaroten Papier das Innere für die Ohren und eine Stupsnase aus und bringe die ausgeschnittenen Teile an den richtigen Stellen an. Zeichne dem Kaninchen noch ein Schnäuzchen und Schnurrhaare.

3. Schneide ein Stück Blumendraht (ca. 30 cm) ab und lege es auf den Tisch. Positioniere den Stein genau in der Mitte davon, biege die beiden Drahtenden nach oben und verdrehe sie miteinander. Achte darauf, dass der Blumendraht nicht mehr verrutschen kann. Befestige die zusammengedrehten Blumendrahtenden an der Rückseite des Kaninchenkopfes mit etwas Klebestreifen.

## DAS BRAUCHEN WIR

Verschiedene Magazine, Prospekte und Zeitschriften, Pappe, Papier (weiß, dunkelbraun, rosa), mittelgroßer Stein, Blumendraht

## HILFSMATERIAL

Schere, Kleber, schwarzer Filzstift, Klebestreifen

## IDEEN FÜR DICH

**Bunte Allround-Dekoration:** Egal ob als Wackeltiere auf einem Stein, als Fensterschmuck, als Blumenstecker oder einfach an der Wand: Die bunten Collagentiere leuchten regelrecht und bieten sich als farbenfrohe Dekoration für innen an!

**Geschenkanhänger:** Wenn du dein Collagentier lochst und eine Schnur anbringst, kannst du es als netten Geschenkanhänger verwenden! Vergiss nicht, auf der Rückseite einen persönlichen Gruß oder Glückwunsch zu hinterlassen!

## BASTELTIPPS UND VARIANTEN

- Wenn du dein Collagentier nicht an einem Stein befestigen möchtest, kannst du auch sonst einen Gegenstand (z. B. ein kleines Stück Holz, einen hübschen Tannenzapfen ...) verwenden.
- Wenn du kein Collagen-Wackeltier machen möchtest, kannst du an der Rückseite auch eine Schnur zum Aufhängen befestigen, das Tier mit Klebestreifen an die Wand oder auf eine Kartonschachtel kleben.
- Wenn du von einer Farbe nicht genug in deinen Heften findest, kannst du auch Buntpapier in kleine Stückchen reißen und daruntermischen.
- Verwende buntes Papier, um deine Tiere zu gestalten oder Einzelheiten (z. B. Beine, Schnäbel, Flügel ...) anzubringen.

# KAROMUSTER

Wer sagt denn, dass Karomuster immer schwarz-weiß oder immer gleichmäßig sein muss? Dieses Karomuster hier ist jedenfalls anders! Es gibt darin keine Wiederholungen, es ist kunterbunt und die einzelnen Quadrate wurden aus altem Papierkram wie Magazinen, Prospekten und Zeitschriften ausgeschnitten! Bei dieser Bastelidee musst du auf die Details achten und genau das ausschneiden, das dir ins Auge springt!

## BASTELIDEE:

1. Nimm das Stück Pappe, zeichne darauf ein Quadrat (z. B. 3 x 3 cm) auf und schneide es aus. Blättere nun alte Magazine, Prospekte und Zeitschriften durch und schaue dir die einzelnen Seiten genau an! Was gefällt dir da am besten? Lege dein Pappe-Quadrat darauf, fahre es mit dem Bleistift nach und schneide es anschließend aus!

2. Fertige mehrere von diesen farbenfrohen Quadraten an. Bestreiche sie anschließend an den Rückseiten mit etwas Kleber und beklebe mit den Quadraten das weiße Papier. Achte darauf, dass zwischen den Quadraten keine Lücken bleiben.

## DAS BRAUCHEN WIR

Verschiedene Magazine, Prospekte und Zeitschriften, Papier (weiß)

## HILFSMATERIAL

Schere, Kleber, Bleistift, Pappe, Lineal

## IDEEN FÜR DICH

**Büchlein einbinden:** Wenn du Büchlein oder Hefte etwas aufpeppen möchtest, kannst du sie mit der gerade beschriebenen Technik farbenfroh einbinden.

**Schachteldeckel überziehen:** Kartonschachteln, aber auch leere Chipsrollen oder andere Dosen kannst du mit den bunten Ausschnitten in besondere Einzelstücke verwandeln.

## BASTELTIPPS UND VARIANTEN

- Wenn die Bilder, die Schrift oder der Hintergrund, die dir gefallen, für dein Pappe-Quadrat viel zu groß sind, ist das kein Problem: Auch wenn du nur einen Teil davon ausschneidest, wirkt es toll!
- Wechsle zwischen verschiedenen Farben (z. B. von Hintergründen), Textbereichen und Bildausschnitten ab! Dein Karomuster wird dann besonders originell!
- Ordne die Quadrate so an, dass nicht alle Bilder und Schriften in die gleiche Richtung schauen. Lass manche Bilder, Schriftzüge usw. kopfstehen oder dreh sie nach rechts oder nach links!
- Warum denn nur Quadrate ausschneiden? Du kannst aus der Pappe auch andere Formen (z. B. Rechtecke, Dreiecke, Kreise, Trapeze ...) ausschneiden und diese als Schablonen verwenden! Wie das wohl aussieht, wenn du kunterbunte Dreiecke oder Rechtecke zu einer großen, zusammenhängenden Fläche zusammenklebst?
- Du könntest auch probieren, die Farbquadrate nach gewissen Farben zu ordnen oder sie z. B. nach den Regenbogenfarben sortiert aufzukleben!

# PAPIERPERLEN

Diese Idee hier ist möglicherweise eine der einfachsten in diesem Buch! Um diese farbenfrohen Perlen herzustellen, brauchst du nur alte Magazine, Prospekte und Zeitschriften, die du bestimmt zu Hause hast! Blättere sie durch, suche dir einige kunterbunte Seiten aus, schnapp dir eine Schere, einen Stift mit rundem Stiel, Kleber und schon geht der Papierperlen-Bastelspaß los!

## BASTELIDEE:

1. Suche dir eine Seite in einem Magazin, einem Prospekt oder einer Zeitschrift aus. Schneide lange, dreieckige Streifen, die von einer Seite bis zu der gegenüberliegenden Seite reichen, ab.

2. Nimm den Stift mit dem runden Stiel. Lege die breitere Seite des Dreieckes an den Stiel und beginne, das Dreieck eng um den Stift zu wickeln, bis nur mehr wenige Zentimeter übrig sind.

3. Bestreiche das Ende des Streifens mit etwas Kleber und wickle es weiter um den Stiftstiel. So erhältst du eine Papierperle. Streife sie vorsichtig vom Stiel und fertige weitere Perlen an.

4. Fädle die Perlen nun nach und nach auf einem Stück Schnur auf, bis es lang genug für ein Armband oder eine Halskette ist! Knote zum Schluss die beiden Schnurenden zusammen!

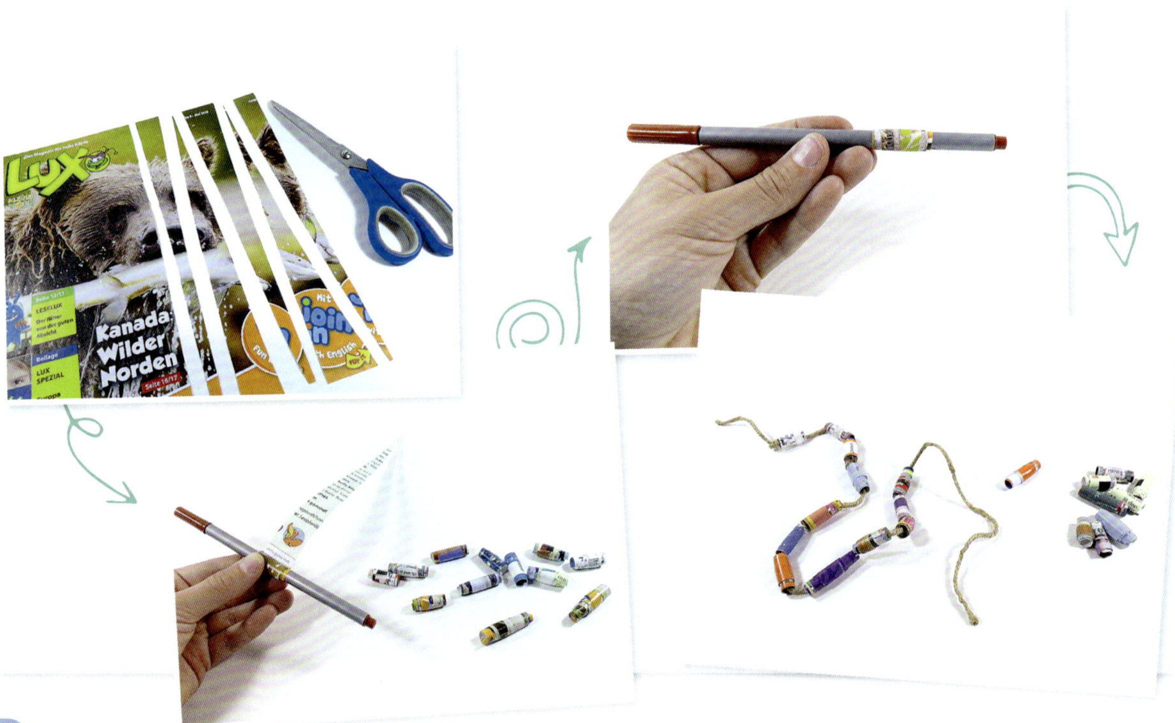

## DAS BRAUCHEN WIR

Verschiedene Magazine, Prospekte und Zeitschriften, Schnur

## HILFSMATERIAL

Schere, Kleber, Stift mit rundem Stiel

## IDEEN FÜR DICH

**Stilvolle Schmuckketten:** Sind diese Ketten nicht stilvoll? Egal ob als Halsketten, Armbänder oder Fußkettchen – Die Papierperlen schmücken dich mit vielen Farben. Achtung: Da die Perlen aus Papier sind, sind sie nicht wasserfest! Also beim Duschen, Händewaschen oder Füßebaden: unbedingt ABNEHMEN!

**Bunter Haarschmuck:** Vielleicht hast du ja Lust, deine Perlenkette an einem Ende an einer Haarspange zu befestigen und sie in deine Haare zu klammern?

## BASTELTIPPS UND VARIANTEN

- Wenn es für dich schwierig ist, die Streifen gerade auszuschneiden, kannst du auch ein Lineal und einen Bleistift verwenden, um dir Schnittlinien vorzuzeichnen.
- Besonders eignen sich für diese Perlen die Titelseiten, da sie oft mit einer glatten Schicht überzogen sind, glänzen und viel stabiler sind als die Heft-Innenseiten.
- Wenn deine dreieckigen Streifen nicht alle gleich groß sind, variieren auch die Größen der Perlen.
- Schneide aus den verschiedensten Seiten die dreieckigen Streifen aus, um Perlen in unterschiedlichen Farben zu erhalten!

# REISSBÄUME

Achtung, jetzt wird's ... GRÜN: egal ob limettengrün, apfelgrün, maigrün, moosgrün, grasgrün, blattgrün, olivgrün, laubgrün, verkehrsgrün, farngrün oder smaragdgrün! Durchblättere alte Magazine, Prospekte und Zeitschriften, halte nach verschiedenen Grüntönen Ausschau und reiße sie vorsichtig heraus! So gewinnst du das Material für diese Weihnachtsbäumchen!

## BASTELIDEE: DUNKELGRÜNER GESCHENKANHÄNGER

1. Nimm die Pappe und schneide ein Dreieck aus. Blättere dann die alten Magazine, Prospekte und Zeitschriften durch und suche nach der Farbe Grün! Reiße alle Bildteile, Hintergründe, Schriften usw., die grün sind, vorsichtig heraus.

2. Bestreiche die herausgerissenen Papierstücke nach und nach mit Kleber und drücke sie auf das Pappedreieck. Nimm den Motivstanzer, um einen Stern aus dem gelben Papier zu stanzen. Bringe den Stern an der Baumspitze an. Unten befestigst du ein Stück hellbraunes Papier als Baumstamm.

3. Nimm das dunkelgrüne Papier und schneide ein kleines Rechteck aus. Klebe nun das Bäumchen darauf. Mache am oberen Rand mit dem Locher ein Loch und ziehe ein Stück Schnur durch!

## DAS BRAUCHEN WIR

Verschiedene Magazine, Prospekte und Zeitschriften, Pappe, Papier (gelb, dunkelgrün, hellbraun), Schnur

## HILFSMATERIAL

Schere, Kleber, Locher, Motivstanzer (Stern)

## IDEEN FÜR DICH

**Weihnachtskarten:** Klebe einen etwas größeren Reißbaum auf eine leere Glückwunschkarte, um wunderschöne Weihnachtskarten zum Verschicken oder Verschenken zu erhalten. Du kannst den Baum zusätzlich noch auf ein farbiges Stück Papier und dann erst auf die leere Glückwunschkarte kleben. Verziere deine Karte mit Gold- und Silberstiften oder bemale sie mit Buntstiften.

## BASTELTIPPS UND VARIANTEN

- Wenn du keinen sternförmigen Motivstanzer hast, kannst du den Stern einfach aus dem gelben Papier ausschneiden, mit Goldstiften aufzeichnen oder einen glitzernden Sternsticker aufkleben.
- Toll sehen die Kärtchen aus, wenn du sie zuerst auf einem bunten Papier (z. B. dunkelbraun) und anschließend auf Wellpappe befestigst!
- Klebe die unterschiedlichsten Papierstückchen kreuz und quer auf! Achte darauf, dass verschiedene Grüntönen nebeneinander liegen. So werden deine Bäumchen besonders hübsch!
- Um deinen Bäumchen eine weihnachtliche Dekoration zu verpassen, kannst du mit einem Locher kleine Punkte in unterschiedlichen Farben ausstanzen und diese als Weihnachtsbaumkugeln aufkleben. Mit Glitzerstiften oder Goldpapier glitzern die Bäumchen besonders festlich!

# BLUMENANHÄNGER

Gelbe, blaue, violette, pinke, rote und orange Blumen! Im Frühling geht es auf den Wiesen richtig bunt zu! Warum also nicht die farbenfrohen Schätze von Mutter Natur verwenden, um tolle Geschenkanhänger zu machen? Die nachfolgende Idee ist schnell und einfach umzusetzen! Und das Wichtigste: Die Ergebnisse sind richtig toll!

## BASTELIDEE:

1. Bestreiche das Etikett mit Kleber und klebe es auf ein Stück Karton. Die Folie zum Abziehen schaut nach oben! Lass einen schmalen Rand um das Etikett und schneide den überstehenden Karton ab.

2. Ziehe die Folie ab und lege auf die klebende Fläche einige Blumen. Drücke sie gut fest, dass sie an möglichst vielen Stellen das klebende Etikett berühren.

3. Streue nun etwas Sand über das Etikett, damit es nicht mehr klebt. Stanze am Rand ein Loch und fädle eine Schnur fürs Aufhängen durch.

## DAS BRAUCHEN WIR

Weiße Etiketten, Kartonstücke, Schnur, Sand, frische Blumen

## HILFSMATERIAL

Kleber, Locher

## IDEEN FÜR DICH

**Geschenkanhänger:** Die kleinen Blumenkärtchen bieten sich an, um auf Geschenken einen farbenfrohen Akzent zu setzen! Packe deine Geschenke mit Zeitungspapier oder braunem Packpapier ein und bringe zum Schluss den Blumenanhänger mit etwas Juteschnur an! Du wirst sehen: Es braucht nicht mehr, um etwas schön zu verpacken!

## BASTELTIPPS UND VARIANTEN

- Du kannst mehrere Etiketten aneinanderkleben, um so größere Flächen zum Bekleben zu erhalten. Wenn deine Etiketten dir zu groß sind, kannst du sie mit einer Schere auch verkleinern.
- Du kannst einzelne Blütenblätter, ganze Blütenköpfe, Grashalme, einzelne Blätter usw. aufkleben! Achte nur darauf, dass die Pflanzen bzw. Pflanzenteile nicht größer als die Etiketten sind!
- Wenn du den Anhänger hinten beschriften möchtest, mach das am besten vor dem Bekleben! So musst du die aufgeklebten Blumen nicht unnötig zerdrücken.
- Wenn du einen breiten Kartonrand lässt, kannst du auch diesen nutzen, um dort kleine Botschaften (z. B. „Vielen Dank!", „Alles Gute!", „Ich vermisse dich", „Tut mir leid" ...) zu notieren.
- Wenn du keine Etiketten zu Hause hast, kannst du auch doppelseitiges Klebeband benutzen!

# ICH-ETIKETTEN

„Das ist meine Mappe!" „Heeee, was machst du, das Lineal gehört doch mir!" „Der Kleber ist bestimmt meiner!" Naaaa, wer kennt denn solche unklaren Situationen nicht? In Kindergärten, Schulen und anderen Kindergruppen kommen so viele Kinder zusammen, dass es schon manchmal zu Verwechslungen der eigenen sieben Sachen kommen kann! Damit ist jetzt Schluss, wenn du deine Sachen mit von dir höchst persönlich gebastelten Ich-Etiketten versiehst.

## BASTELIDEE:

1. Zeichne dich (Kopf und Schulterbereich) mit dem schwarzen Stift auf das Etikett.

2. Teile den Hintergrund in einige Streifen ein und zeichne kleine Muster hinein.

3. Male deine Ich-Zeichnung sowie den Hintergrund mit Buntstiften an.

## DAS BRAUCHEN WIR

Weiße Etiketten

## HILFSMATERIAL

Schwarzer Filzstift, Buntstifte

## IDEEN FÜR DICH

**Eigentum kennzeichnen:** Mit den Ich-Etiketten lassen sich Sachen eindeutig kennzeichnen: Dafür eignen sich vor allem Schulsachen (Hefte, Lineale, Bücher, Kleber, Mappen ...), aber auch Spielsachen, Sportartikel (z. B. Skateboard, Tennisschläger, Helme ...) usw.

## BASTELTIPPS UND VARIANTEN

- Entscheide selbst, ob du das Etikett hochkant oder quer nehmen möchtest und ob man nur dein Gesicht, Gesicht und Oberkörper oder dich als ganze Person sehen soll! Wenn du mehrere Etiketten herstellst, kannst du ja variieren!
- Auch bei den Hintergründen kannst du abwechseln: in deiner Lieblingsfarbe einfarbig anmalen, Muster aufzeichnen, Formen aufmalen ...
- Wenn du möchtest, kannst du beim Anmalen auch Filzstifte verwenden oder einige Papier-Details aufkleben.
- Wenn du die Etiketten hochkant verwendest und dich als ganze Person darstellen möchtest, teilst du dein Etikett in ca. drei gleich breite Streifen ein. Im obersten Streifen malst du dein Gesicht, im mittleren deinen Oberkörper und im unteren deine Beine und Füße. Du kannst dich ja an deinen Klamotten orientieren und diese nachmalen.
- Du kannst die Ich-Etiketten auch mit deinem Namen oder einer persönlichen Unterschrift versehen!

# WELTGESICHTER

Schau dich doch mal im Raum um, in dem du dich gerade befindest! Was siehst du? Leere Papierrollen? Saftflaschen? Computer? Blumenvasen? Pfannen und Töpfe? Oder vielleicht Zahnpastatuben? Hast du dir schon mal vorgestellt, dass diese Gegenstände und Möbel auch Gesichter, so wie du und ich, haben? Überlege dir, welches Gesicht zu welchem Gegenstand passen würde, lasse deinen Zeichenkünsten freien Lauf und verleihe deiner Umwelt ... Gesichter!

## BASTELIDEE: MONSTERCHEN

1. Zeichne mit dem schwarzen Stift auf das weiße Etikett ein Monstergesicht auf.

2. Male es mit deinen Buntstiften an und schneide es aus! Schaue dich im Raum um, überlege dir, zu welchem Gegenstand dieses Gesicht passen könnte, und klebe es dort hin!

## DAS BRAUCHEN WIR

Weiße Etiketten

## HILFSMATERIAL

Schwarzer Filzstift, Buntstifte, Schere

## IDEEN FÜR DICH

**Personalisieren:** Wie oben beschrieben, kannst du deiner Umwelt mit den von dir gestalteten Etiketten ein Gesicht deiner Wahl verleihen! Die Sticker können dort nur kurz oder auch für längere Zeit bleiben! Am besten besprichst du mit deinen Eltern, wo ein Sticker drauf darf und wo es strengstens verboten ist!

**Fürs Spielen:** Nimm einige Korken, Papierrollen, Kartonschachteln oder Ähnliches! Überlege dir, was du aus ihnen machen möchtest! Vielleicht eine Schar Bauernhoftiere? Eine Zombie-Gruppe? Edle Prinzessinnen? Gestalte dementsprechend die Etiketten, klebe sie auf und spiele los!

## BASTELTIPPS UND VARIANTEN

- Menschen, Tiere, Monster: Du entscheidest selbst, welche Gesichter du darstellen möchtest!
- Du kannst zum Ausmalen Buntstifte und/oder Filzstifte verwenden!
- Um besonders tolle Gesichter zu basteln, könntest du Haare aus buntem Papier oder Wolle aufkleben!
- Stelle verschiedene Gesichtsausdrücke dar: Bei glücklichen Gesichtern zeigen die Mundwinkel nach oben, bei unglücklichen nach unten! Auch die Lage der Augenbrauen verändert sich je nach Gemütszustand! Experimentiere doch auf einem Schmierblatt, bis du mit den Ergebnissen zufrieden bist!
- Male deinen Figuren rote Backen auf! Das lässt sie frischer und realer wirken!

# WEIHNACHTSSTICKER

Stell dir mal ein echtes winterliches Weihnachtsgewimmel vor! Was gehört dazu? Tannenbäume, Kekse, Weihnachtsmänner, Schneeflocken, Rentiere, Kerzen, Bären, Monde, Weihnachtsmützen ...! Auf was wartest du noch? Ran an die Etiketten und Farben – Weihnachtsfantasie, marsch!

## BASTELIDEE: RENTIER

1. Zeichne auf das Etikett ein Rentier mit dem schwarzen Stift auf.

2. Male das Rentier mit Buntstiften an und schneide es aus.

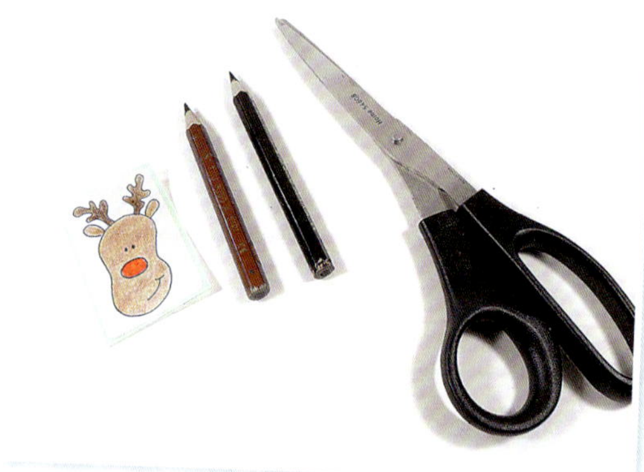

## DAS BRAUCHEN WIR

Weiße Etiketten

## HILFSMATERIAL

Schwarzer Filzstift, Buntstifte, Schere

## IDEEN FÜR DICH

**Weihnachtssticker:** Glückwunschkarten verschönern, Briefumschläge verschließen, Geschenkverpackungen aufpeppen – einen Vorrat an Weihnachtsstickern kann man in der Adventszeit immer gebrauchen!

**Aufbewahren:** Wenn du nicht alle Sticker aufgebraucht hast, hebst du sie in einem kleinen Stoffsäckchen oder einer Kartonbox fürs nächste Mal auf!

**Kleine Geschenkidee:** Falls du einem Freund oder einer Freundin eine Kleinigkeit schenken möchtest, könntest du ihm oder ihr ja eine ganze Packung weiße Etiketten, eine Packung Buntstifte und einen schwarzen Stift schenken und ihm oder ihr das „Aus Etiketten kann man tolle Sticker machen"-Geheimnis verraten.

## BASTELTIPPS UND VARIANTEN

- Die Sticker werden besonders weihnachtlich, wenn du sie zusätzlich noch mit Glitzerstiften verzierst.
- Du kannst für das Anmalen Buntstifte oder Filzstifte verwenden.
- Wenn du größere Etiketten hast, kannst du darauf mehrere Figuren zeichnen und diese dann ausschneiden.
- Wenn du möchtest, kannst du kleine Papierformen als Extras anbringen! Dafür bietet es sich an, kleine Motivstanzer zu verwenden.
- Wenn du Inspirationen für weihnachtliche Figuren und Motive brauchst, schau dir doch ein weihnachtliches Bilderbuch an und male im Anschluss die Zeichnungen, die dir besonders gut gefallen, ab. So bekommst du originelle Sticker!

# DIES & DAS

In diesem Kapitel siehst du, wie man aus Blumentöpfen kunterbunte Vögel, aus Weinkorken schwimmende Fische und Schildkröten und aus einer Wäscheklammer den heiligen Sankt Martin, der stramm auf einem Kaffeefilter-Pferd sitzt, machen kann! Das Tolle bei den nachfolgenden Ideen ist, dass du wahrscheinlich viele der „Dies und das"-Materialien bereits zu Hause hast.

S. 174

S. 166

S. 162

S. 206

S. 170

S. 158

S. 166

S. 152

S. 172

# VÖGEL

Ist basteln nicht fast wie zaubern können? Aus den unterschiedlichsten Materialien kann man mit etwas Kreativität und Geschicklichkeit tollste Sachen machen. Wie wäre es, aus Blumentöpfen diese pfiffigen Vögel zu basteln und damit die Wohnung zu dekorieren. Wenn du ganz, ganz gut lauscht, hörst du vielleicht diese bunten Vögelchen sogar zwitschern.

## BASTELIDEE: GELBER VOGEL

1. Bestreiche den Blumentopf nach und nach mit Kleber und umwickle ihn mit dem gelben Garn. Lasse dabei den unteren Rand des Blumentopfes frei.

2. Nimm das weiße Papier doppelt, schneide zwei Punkte für die Augen aus, zeichne die Pupillen auf und bringe die Augen am Vogel an. Schneide aus dem orangen Papier einen Schnabel, aus dem hellblauen Papier zwei Flügel und aus dem roten Papier eine Kopffeder aus. Zeichne auf der Kopffeder die Federkonturen auf und klebe alle ausgeschnittenen Teile am Vogel fest.

3. Klebe am unteren Rand des Vogels kunterbunte Papierschnipsel an. Klebe etwas kleinere auf etwas größere Papierschnipsel, um tolle Farbeffekte zu erhalten. Schneide dann ein Stück Schnur ab. Binde an einem Ende das Glöckchen fest. Fädle anschließend eine Holzperle auf und knote diese mit etwas Abstand zum Glöckchen fest. Fädle nun das andere Schnurende durch das Loch im Blumentopf und dann durch die andere Holzperle. Mache dann einen Knoten.

4. Schneide noch ein Stück Schnur ab und knicke es genau in der Mitte. Schneide aus dem orangen Karton zwei gleich große Punkte aus, falte diese genau in der Mitte, bestreiche die Innenseiten mit etwas Kleber, lege die Schnurenden hinein und drücke darauf. Bringe die beiden Beine zum Schluss an der Blumentopf-Innenseite an.

## DAS BRAUCHEN WIR

Blumentopf, Garn (gelb), Papier (weiß, orange, rot, hellblau), Papierschnipsel, Schnur, zwei Holzperlen, Glöckchen

## HILFSMATERIAL

Kleber, Schere, schwarzer Filzstift

## IDEEN FÜR DICH

**Bunte Dekoration**: Hänge deine Vögel auf eurem Balkon, auf eurer Terrasse oder in eurer Wohnung als bunte Frühlingsboten auf. Wenn du sie im Freien aufhängst, musst du darauf achten, dass sie an einem regensicheren Ort hängen, da das verwendete Papier nicht wasserfest ist. Natürlich kannst du deine Vögel auch irgendwo als Dekoration hinsetzen. Zwischen bunten Blumen machen sie sich besonders gut.

## BASTELTIPPS UND VARIANTEN

- Achte darauf, dass die Holzperlen größer sind als das Loch im Blumentopf. Die Holzperlen fixieren den Blumentopf.
- Du kannst die Blumentöpfe wie im Beispiel mit buntem Garn oder Wolle umwickeln oder deinem Vogel ein buntes Papierstückchen-Federkleid verpassen.
- Ausgestanzte Papierformen, kunterbunte Papierschnipsel, aber auch bunte Holzperlen geben deinen Vögeln eine bunte Farbe.
- Wenn du möchtest, kannst du auch deinen Vogel mit flüssiger Farbe anmalen und anschließend mit buntem Papier verzieren.
- Natürlich kannst du deinen Blumentopf-Vogel auch ohne Glöckchen basteln.
- Um auch die Schnur, die du zum Aufhängen verwendest, bunt zu gestalten, fädle doch einfach einige bunte Holzperlen auf und knote sie fest.
- Wenn deine Vögel nicht durch die Luft „fliegen", sondern irgendwo sitzen sollen, verzichtest du auf die Schnur fürs Aufhängen.

# SCHULTÜTEN

Der erste Tag im Kindergarten oder in der Schule ist immer aufregend – nicht nur für Kinder, die zum ersten Mal diese neue Welt betreten! Bastle dir doch zum Start eine kleine Schultüte, die dir deine Eltern mit einigen (süüüüßen oder gesunden) Kleinigkeiten und kleinen Geschenken füllen. Oder du füllst sie für deine Freunde. So macht der große Tag noch viel mehr Spaß!

## BASTELIDEE: BLUMEN-SCHULTÜTE

1. Reiße aus dem grünen Papier Blumenstängel und Blätter aus. Schneide aus dem restlichen bunten Papier verschiedene Blumenköpfe aus. Klebe die Stängel, Blätter und Blumenköpfe nach und nach auf den Blumentopf.

2. Nimm den runden Stanzer, fertige einige weiße Punkte an und klebe sie kreuz und quer über den Blumentopf.

3. Öffne deine Serviette einmal, sodass du ein eher langgezogenes Rechteck erhältst. Bitte einen Erwachsenen, die Serviette mit Heißkleber an der Innenseite des Blumentopf-Randes zu befestigen. Die Serviette sollte so angeklebt werden, dass die geschlossene Seite der Serviette unten ist. Lass dir deine Schultüte füllen und verschließe sie mit einem Stück Schnur.

## DAS BRAUCHEN WIR

Blumentopf, Papier (weiß, grün, gelb, orange, hellblau, lila), bunte Papierserviette, Schnur

## HILFSMATERIAL

Schere, Kleber, Heißklebepistole, Motivstanzer (rund)

### IDEEN FÜR DICH

**Der große Tag:** Bastle für liebe Kinder, denen du eine Freude zum ersten Schul- oder Kindergartentag machen möchtest, doch Schul- bzw. Kindergartentüten und fülle sie mit Süßigkeiten und kleinen Geschenken (z. B. Gummis, Blöckchen, Stifte, Glückssteine ...).

## BASTELTIPPS UND VARIANTEN

- Anstelle der Serviette kannst du natürlich auch einen bunten Stoff oder Krepppapier verwenden.
- Gestalte deine Schultüte beliebig: Du kannst bestimmte Formen aufkleben (z. B. Blumen oder Tausendfüßler), kreuz und quer Papierschnipsel anbringen, dem Blumentopf ein Gesicht verpassen und und und! Lass dir etwas einfallen!
- Wenn du mit Papierschnipseln arbeitest, probiere doch mal, einige kleinere Papierschnipsel auf größere zu kleben! Du wirst sehen, dass du so richtig tolle Farbeffekte erhältst!
- Die Bastelideen wurden mit Terracotta-Blumentöpfen realisiert! Für kleinere Kinder bietet es sich an, Plastik-Blumentöpfe zu verwenden und diese in Schultüten zu verwandeln.

# IGEL

Manch einer denkt: stachelig, stacheliger, Igel! Aber stopp, das trifft auf diese Igelchen nicht zu! Sie haben zwar viele Stacheln, aber stachelig sind sie trotzdem nicht! Sammle einige Ästchen im Wald und verleihe deinem Blumentopf-Igel seine geliebten, aber untypischen Stacheln ...

## BASTELIDEE: IGEL MIT BRAUN-WEISSEN FLECKEN

1. Reiße das braune Papier in kleine Stückchen und klebe diese kreuz und quer am Blumentopf fest. Reiße die Magazinseite in etwas kleinere Schnipsel, die du auf den braunen Papierstückchen anbringst.

2. Schneide aus dem beigen Papier vier Punkte aus und klebe sie als Füße auf. Zeichne einen Igel-Kopf mit spitzer Schnauze auf das beige Papier und schneide ihn aus. Schneide aus dem schwarzen Papier eine runde Nase aus und klebe sie an. Zeichne dem Igel ein Auge und den Mund. Knicke den linken Rand des Kopfes nach hinten! Achte darauf, dass die nach hinten gefaltete Lasche oben breiter ist als unten!

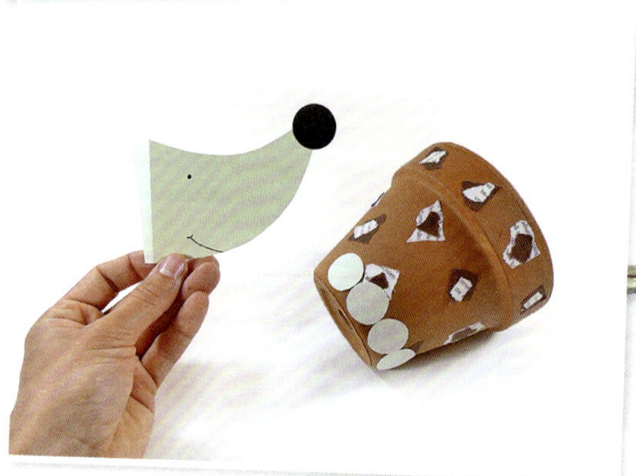

3. Bestreiche die Lasche mit Kleber und bringe sie am Blumentopf an. Schneide einen Kreis aus Papier aus und lege ihn in den Blumentopf. So wird verhindert, dass der Sand herausrieselt. Befülle nun den Blumentopf mit Sand und drücke nach und nach die dünnen Baumästchen hinein, bis dein Igel ein Stachelkleid trägt.

## DAS BRAUCHEN WIR

Blumentopf, dünne Ästchen, Papier (braun, beige, schwarz), Magazinseite mit Schrift, Sand zum Füllen

## HILFSMATERIAL

Schere, Kleber, Bleistift, schwarzer Filzstift

## IDEEN FÜR DICH

**Stachelige Dekoration:** Stelle deinen gebastelten Igel in eurer Wohnung als herbstliche Dekoration auf. Gut macht er sich zum Beispiel auf einem Fensterbrett oder im Eingangsbereich! Vielleicht hast du ja Lust, mehrere Igel in unterschiedlichen Größen zu basteln und diese der Größe nach aufzustellen? So sieht es aus, als ob eine Igelmama oder ein Igelpapa mit den Igelkindern einen Ausflug machen würde.

## BASTELTIPPS UND VARIANTEN

- Es ist wichtig, dass die nach hinten gefaltete Lasche oben breiter ist als unten! Da der Blumentopf nach unten hin schmaler wird, würdest du es sonst nicht schaffen, den Igelkopf gerade am Blumentopf anzubringen.
- Wenn du möchtest, kannst du an Stelle von Sand auch feinen Kies verwenden.
- Du kannst braunes Papier auch in eckige Formen schneiden und damit den Blumentopf bekleben. Wenn du willst, beklebst du nur den oberen Rand des Blumentopfes.
- Eine runde Nase und runde Füße fabrizierst du ganz leicht mit runden Motivstanzern.

# ADVENTSKALENDER

Kommt es dir auch so vor, dass diese 24 Tage bis Weihnachten ewig dauern und das Christkind auf sich warten lässt? Um anderen lieben Menschen die Zeit zu verkürzen, könntest du ihnen diesen Adventskalender basteln ... Und beim Basteln vergeht auch für dich die Zeit wie im Flug!

## BASTELIDEE: PINGUIN-ADVENTSKALENDER

1. Schneide aus dem schwarzen Papier drei Pinguinkörper und insgesamt sechs Flügel aus. Du kannst das Papier doppelt oder dreifach nehmen, um exakt die gleichen Formen zu erhalten. Schneide aus dem weißen Papier drei Pinguinbäuche und insgesamt sechs kleine Punkte aus. Zeichne die Pupillen auf die Punkte, um Augen zu erhalten. Nimm den Motivstanzer und fertige sechs orange Sterne an. Schneide aus dem orangen Papier außerdem drei Schnäbel aus. Klebe nun zuerst alle Bäuche und Augen auf die Pinguinkörper. Bringe anschließend die Schnäbel, die Füße (orange Sterne) sowie die Flügel an.

2. Klebe die drei Pinguine am Blumentopf fest. Nimm das gelbe Papier, stanze weitere Sterne aus und klebe sie auf den oberen Rand des Blumentopfes.

3. Bereite nun 24 Zettelchen (Ideen dazu in „Ideen für dich") vor, rolle sie einzeln auf und verschließe sie mit etwas buntem Washi-Tape. Gib alle Papierröllchen in den Blumentopf.

## DAS BRAUCHEN WIR

Blumentopf, Papier (weiß, gelb, schwarz, orange)

## HILFSMATERIAL

Schere, Kleber, schwarzer Filzstift, bunte Washi-Tapes, Motivstanzer (Stern)

## IDEEN FÜR DICH

**Das Warten versüßen:** Wenn du dir denkst: „Oh nein, einen Adventskalender ohne Schokolade kann ich mir auf keinen Fall vorstellen!", kannst du auch Schokolade oder andere Süßigkeiten in diesen Adventskalender stecken. Dafür die Papierröllchen um die Süßigkeit wickeln und mit einem Klebestreifen fixieren. Wenn du einen Adventskalender ohne Zettelchen haben möchtest, kannst du ihn auch nur mit Süßem füllen. Ein tolles Geschenk für deine Geschwister oder deine Freunde!

## BASTELTIPPS UND VARIANTEN

- Wenn du keine bunten Washi-Tapes hast, kannst du die Papierröllchen auch mit einem gewöhnlichen Klebestreifen verschließen!
- Neben den Pinguinen kannst du auch ein nettes Rentier mit einem großen Geweih, lustige Schneemänner, das Christkind oder viele andere Figuren auf deinem Blumentopf-Adventskalender darstellen.
- Wenn du deinen Adventskalender lieber ganz einfach gestaltest, kannst du ausgestanzte Formen aufkleben. Du kannst auch Zeichnungen auf einem weißen Papier anfertigen, anmalen und dann aufkleben.
- Wenn du deinen Blumentopf-Adventskalender mit Glitzerstiften verzierst oder etwas Goldfolie anbringst, wird er besonders weihnachtlich.

# WICKLIS

Darf ich vorstellen? Die kunterbunten Figuren, die dich auf dieser Seite anstrahlen, sind Wicklis! Kleine Pappstückchen, die einfach mit buntem Garn umwickelt zum Wickli-Leben erweckt wurden!

## BASTELIDEE: TRAUMFÄNGER

1. Schneide aus der festen Pappe einen Kreis aus. Mache mit deiner Schere einige kleine Einschnitte entlang des Kreises. Nimm das weiße Garn und beginne, den Pappkreis kreuz und quer zu umwickeln. Achte darauf, dass du das Garn immer in die kleinen Einschnitte drückst. Klebe zum Schluss das Garnende an der Rückseite fest.

2. Schneide von der Juteschnur drei Stücke, die ungefähr gleich lang sind, ab und verknote sie bei drei Einschnitten mit dem weißen, aufgewickelten Garn. Fädle bei jeder Schnur einige bunte Holzperlen auf und fixiere sie zum Schluss mit einem Knoten. Befestige am oberen Rand eine Schlaufe zum Aufhängen.

3. Nimm das rote Papier doppelt und schneide eine federartige Form aus. Du erhältst zwei gleichgroße Federn. Zeichne mit dem schwarzen Filzstift die Konturen auf beiden Federn auf. Bestreiche eine Feder-Rückseite mit Kleber und lege das Schnurende darauf. Lege die andere Feder darauf und streiche mehrmals darüber. Wiederhole das gleiche bei den anderen zwei Federn.

## DAS BRAUCHEN WIR

Feste Pappe, weißes Garn, Juteschnur, bunte Holzperlen, Papier (rot, gelb)

## HILFSMATERIAL

Schere, Kleber, schwarzer Filzstift

### IDEEN FÜR DICH

**Stift-Köpfe:** Du kannst Wicklis vorsichtig auf deine Farben und Stifte stecken. Schiebe dafür das Stiftende durch die Fäden an der Rückseite, bis das Wickli fest sitzt. Weil du beim Befestigen keinen Kleber verwendest, kannst du die Wicklis nach Lust und Laune austauschen!

## BASTELTIPPS UND VARIANTEN

- Verwende einen Gegenstand mit runder Grundfläche als Schablone und fahre diese nach, um einen schönen Kreis zu erhalten.
- Wenn du möchtest, kannst du auch weitere Perlen am umwickelten Pappkreis ankleben. Wenn du keine Holzperlen hast, könntest du dir auch einfach Perlen aus Magazinen und Zeitschriften machen. Die Anleitung dazu findest du auf S. 138.
- Nach diesem Schema kannst du noch Mäuse, Häschen, Schmetterlinge, Küken, Schnecken, Monsterchen und und und basteln. Lass deiner Wickel-Fantasie freien Lauf!

# ERZÄHLSTAB

Immer wieder gibt es Situationen, in denen alle zur gleichen Zeit etwas total, total Wichtiges loswerden müssen. Die Folge: Chaos mit so viel Krach und Lärm und Geschrei, dass niemand mehr etwas hört! Ein Erzählstab könnte jetzt für Ordnung sorgen: Nur das Kind (oder der Erwachsene), der den Erzählstab in den Händen hält, darf sprechen! Alle anderen ... lauschen!

## BASTELIDEE: ERZÄHLSTAB MIT UMWICKELTEN PERLEN

1. Bestreiche nach und nach das Ästchen mit Kleber und umwickle es mit dem Garn und der Juteschnur, sodass Streifen entstehen.

2. Schneide ein Stück Juteschnur (ca. 80 cm) ab. Falte das Schnurstück genau in der Mitte und lege den umwickelten Ast darauf. Ziehe die Juteschnur mit zwei Knoten fest. Fädle eine Perle auf eines der freien Stücke auf und knote sie mit beiden Schnüren fest. Wickle die beiden Schnüre einige Male über Kreuz um den Ast. Knote sie dann wieder zusammen, fädle wieder eine Perle auf und wiederhole das Ganze. Mache so lange weiter, bis du am ganzen Ästchen Perlen angebunden hast. Mache abschließend noch einen Knoten, schneide die Schnurenden eventuell etwas ab, fädle pro Schnurende eine Holzperle auf und knote diese fest.

## DAS BRAUCHEN WIR

Ästchen, Garn (orange, gelb, hellblau, grün), Juteschnur, Holzperlen

## HILFSMATERIAL

Kleber, Schere

## IDEEN FÜR DICH

**Erzählstab:** Wenn es bei euch in der Familie oder bei dir und deinen Freunden beim Erzählen oft recht chaotisch zugeht und du einfach etwas Ruhe in die Runde bringen möchtest, bastle einen Erzählstab und lass ihn das regeln!

## BASTELTIPPS UND VARIANTEN

- Die Länge der Juteschnur zum Umwickeln hängt von der Länge und Dicke des Astes ab. Je dicker und länger der Ast ist, desto mehr Juteschnur solltest du zum Umwickeln verwenden. Natürlich kannst du jede beliebige Schnur für Schritt 2 verwenden.
- Wenn du die Perlen nicht mit der Knot- und Umwickeltechnik am Ast anbringen möchtest, könntest du sie auch mit etwas Bastelleim ankleben.
- Entscheide dich, ob du deinen Erzählstab mit nur einer Garnfarbe oder mit unterschiedlichen umwickelst. Auch musst du entscheiden, ob die Streifen breiter oder dünner sein sollen.
- Vielleicht hat dein Erzählstab ja ein Gesicht? Verwende dazu ein Stück Pappe, schneide einen Kreis aus, zeichne das Gesicht auf, mache einige Löcher am Rand oben und ziehe Fäden für die Haare durch. Der Kopf wird anschließend mit Heißkleber am umwickelten Ast befestigt.

# WOLLMONSTER

Kleines Rätsel: Sie sind wollig und kuschelig, aber es sind keine Schafe. Sie können manchmal so richtig abgehen und ihre Haare von rechts nach links und von oben nach unten werfen, aber gehen nicht in Clubs. Sie kitzeln und kuscheln liebend gerne. Sie machen es sich am liebsten auf Fingerspitzen bequem, aber sind keine Fingerhüte. Ganz genau! Die Rede ist von Wollmonstern!

## BASTELIDEE: GELBES WOLLMONSTER

1. Nimm deine nicht dominante Hand und mache sie zu einer Faust. Öffne nur den Daumen und den Zeigefinger und spreize sie nach außen. Wickle die Wolle mehrere Male um diese beiden Finger.

2. Schneide von der Wolle ein Stück ab und schiebe die Wolle, die du gerade um deine Finger gewickelt hast, etwas nach vorne. Nimm den einzelnen Wollfaden und binde die aufgewickelte Wolle zu einem Bündel zusammen. Achte darauf, dass du dabei alle Wollfäden einschließt. Schneide nun die beiden entstandenen Schlaufen in der Mitte durch.

3. Frisiere den Wollknäuel solange, bis du zufrieden bist. Schneide von der Wellpappe einen Streifen ab und rolle ihn zusammen. Dein Finger sollte darin genau Platz haben. Bitte einen Erwachsenen, das Wellpapperöllchen mit etwas Heißkleber zu fixieren.

4. Das Wellpapperöllchen wird am Wollknäuel fixiert, indem der obere, äußere Bereich von einem Erwachsenen mit etwas Heißkleber bestrichen und in den Wollknäuel gesteckt wird. Schneide aus dem weißen Papier noch zwei Punkte aus, zeichne die Pupillen auf und klebe sie mit etwas Kleber an. Nimm einige Wollfäden und binde sie mit einer Schleife zusammen, sodass das Wollmonsterchen eine tolle Frisur erhält.

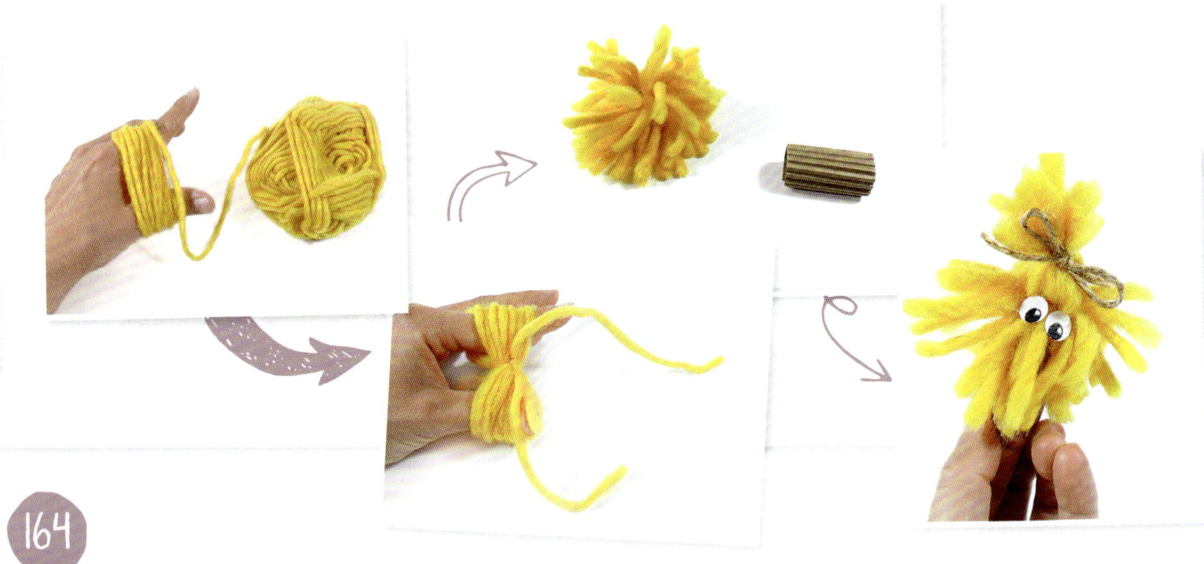

## DAS BRAUCHEN WIR

Etwas dickere Wolle (gelb), Papier (weiß), Wellpappe, Schnur

## HILFSMATERIAL

Schere, schwarzer Filzstift, Heißkleber, Kleber

### IDEEN FÜR DICH

**Fingerpuppe:** Steck dein Monsterchen auf deinen Finger und los geht's! Vielleicht spricht es wie ein Wasserfall oder in einer anderen Sprache oder hat eine piepsige Stimme oder singt wie ein kleiner Kanarienvogel? Lass dir was einfallen!

## BASTELTIPPS UND VARIANTEN

- Schritt 2 kann Probleme bereiten, wenn man nur alleine bastelt. Es geht viel leichter, wenn jemand anderes die umwickelte Wolle zusammenbinden kann.
- Wenn du möchtest, kannst du beim Umwickeln auch verschiedene Farben verwenden und dein Monsterchen erhält unterschiedlich farbige Kopf- und Körperhaare.
- Für die Augen bietet sich etwas dickeres weißes Papier an. Wenn du das nicht hast, kannst du normales Papier doppelt nehmen oder die Augen zusätzlich auf etwas festeren Karton kleben.
- Mit einem runden Stanzer kannst du superschnell viele, perfekt runde Augen herstellen.

# WEIHNACHTSBAUMSCHMUCK

Wickle, wickle, wickle ... euren diesjährigen Weihnachtsbaumschmuck einfach selbst! Du kannst dir sicher sein, dass sich euer Weihnachtsbaum über den selbst gemachten Schmuck freut. Na dann: Wickle los! Weihnachten steht bald vor der Tür!

## BASTELIDEE: ENGELCHEN

1. Schneide aus der Pappe ein Kleidchen aus. Bestreiche eine Seite davon mit Kleber und umwickle es mit Juteschnur.

2. Falte die Buchseite in der Mitte und schneide Flügel aus. Gib etwas Kleber auf deren Mitte und drücke das umwickelte Kleidchen darauf. Schneide aus dem rosaroten Papier einen Kreis aus und male ein Gesichtchen auf. Knülle ein Stück Juteschnur zusammen und befestige das Knäuel als Haare.

3. Schneide von der Juteschnur zwei gleich lange Stücke ab. Mache an jedem Ende einen Knoten. Falte ein Schnurstück in der Mitte und klebe es an der Rückseite des Kleidchens als Beine an. Das andere Schnurstück schiebst du von oben zwischen die Flügel und das Kleidchen. Schneide aus dem gelben Papier ein Sternchen aus und klebe es auf den Engel. Bringe zum Schluss eine Schlaufe zum Aufhängen an.

## DAS BRAUCHEN WIR

Pappe, Juteschnur, Papier (rosarot, gelb), Buchseite

## HILFSMATERIAL

Kleber, schwarzer Filzstift, Schere

### IDEEN FÜR DICH

**Weihnachtsbaumschmuck:** Bastle verschiedene Figuren und schmücke damit euren Weihnachtsbaum.
**Weihnachtsschnur:** Du könntest an der Wand waagrecht eine Schnur oder Lichterkette befestigen und die Anhänger mit kleinen Holzklammern dort befestigen.
**Schutzengel:** Einen Schutzengel braucht jeder von uns! Einfach nachbasteln und mit besten Wünschen verschenken.

## BASTELTIPPS UND VARIANTEN

- Engelchen, aber auch kleine Weihnachtsbäume, Geschenke, Herzen, Kugeln und und und kannst du mit dieser Technik gestalten.
- Verziere die umwickelten Pappformen mit Glitzerstiften oder umwickle sie zusätzlich mit edlen Silber- oder Goldfäden, um sie besonders weihnachtlich zu machen.
- Du kannst sie mit Perlen, ausgeschnittenen Papierformen usw. gestalten.
- Wenn die Schlaufe zum Aufhängen mit gewöhnlichem Kleber nicht hält, kannst du einen Erwachsenen bitten, sie mit etwas Heißkleber zu fixieren.
- Wichtig ist, vor dem Umwickeln die Pappform mit Kleber zu bestreichen, da sonst alles verrutschen kann!

# BLUMENSTECKER

Im Frühling erwacht die Natur aus einem langen Winterschlaf! Schaut mal, diese bunten Schmetterlinge genießen auch wieder das wärmere Wetter und bringen einen Hauch Frühling direkt in eure Wohnung!

## BASTELIDEE: SCHMETTERLINGS-BLUMENSTECKER

1. Bestreiche etwas mehr als die Hälfte des Korkens mit Kleber und umwickle ihn mit dem bunten Garn.

2. Verwende den Locher, um zwei kleine Punkte aus dem weißen Papier heraus zu stanzen. Zeichne mit dem schwarzen Stift Pupillen auf, klebe die Augen auf und zeichne mit demselben Stift dem Schmetterling noch einen Mund.

3. Zeichne die Flügel auf ein violettes Papier auf und schneide sie aus. Zerknülle gelbe und orange Stückchen Papier und schmücke damit die Flügel. Schneide außerdem zwei Fühler aus. Befestige die Flügel und die Fühler mit etwas Kleber am Korken! Stich zum Schluss den Schaschlikspieß vorsichtig von unten in den Korken!

## DAS BRAUCHEN WIR

Korken, buntes Garn (gelb, orange), Papier (weiß, violett, gelb, orange), Schaschlikspieß

## HILFSMATERIAL

Kleber, Schere, schwarzer permanenter Stift, Locher

### IDEEN FÜR DICH

**Muttertagsgeschenk:** Ein hübsches Blümchen, diesen netten, selbstgebastelten Schmetterlings-Blumenstecker, ein paar liebe Worte: das perfekte Geschenk zum Muttertag, das du im Handumdrehen basteln kannst!

## BASTELTIPPS UND VARIANTEN

- Nimm das Papier doppelt, wenn du die Flügel und die Fühler aufzeichnest! So erhältst du die exakt gleichen Teile.
- Zum Umwickeln kannst du buntes Garn, aber natürlich auch Wolle verwenden. Entscheide selbst, ob du mit dem Garn bzw. der Wolle den Korken einfarbig umwickelst, ob du mit verschiedenen Farben Streifen erzeugen möchtest, ob du es lieber bunter magst und verschiedene Farbtöne beim Umwickeln verwendest!
- Die Flügel der Schmetterlinge kannst du mit bunten Papierresten bekleben oder mit Filzstiften und Buntstiften verzieren.
- Wenn du einen wasserfesten Schmetterling für den Balkon oder den Garten basteln möchtest, kannst du für die Fühler und die Flügel einfach Moosgummi verwenden!
- Du willst deine Schmetterlinge lieber einfach irgendwo aufhängen? Dann bring doch eine Fadenschlaufe an der Rückseite an und schon kann dein Frühlingsbote fliegen!

# FISCHE & SCHILDKRÖTEN

Alle Wassernixen und Seemänner aufgepasst: Jetzt kommt was Cooles für euch! Habt ihr Lust, kleine Fische und Schildkröten selber zu basteln und sie auf euer nächstes Wasserabenteuer (sei es im Schwimmbad, am Badesee, im Meer oder einfach nur in der Badewanne) mitzunehmen? Keine Sorge, ihr müsst keine Bademeister sein, denn diese kleinen Tierchen schwimmen von selbst!

## BASTELIDEE: FISCH

1. Bitte einen Erwachsenen, eine ca. 5 mm dicke Scheibe vom Korken mithilfe eines Furniermessers abzuschneiden. Die Korkscheibe wird dann mit dem Furniermesser einmal in der Mitte vorsichtig auseinandergeschnitten! Eine Hälfte wird wiederum in der Mitte geteilt.

2. Mithilfe der Heißklebepistole wird die halbe Korkscheibe am Korkenende (Schwanzflosse) sowie die beiden Korkenviertel jeweils rechts und links vom Korken (Seitenflossen) befestigt.

3. Tauch den abgeflachten Teil des Schaschlikspießes in die weiße Acrylfarbe und stemple dem Fisch ein Auge auf. Warte, bis die Farbe getrocknet ist.

4. Verwende nun den spitzen Teil des Schaschlikspießes und stemple auf das weiße Auge eine schwarze Pupille.

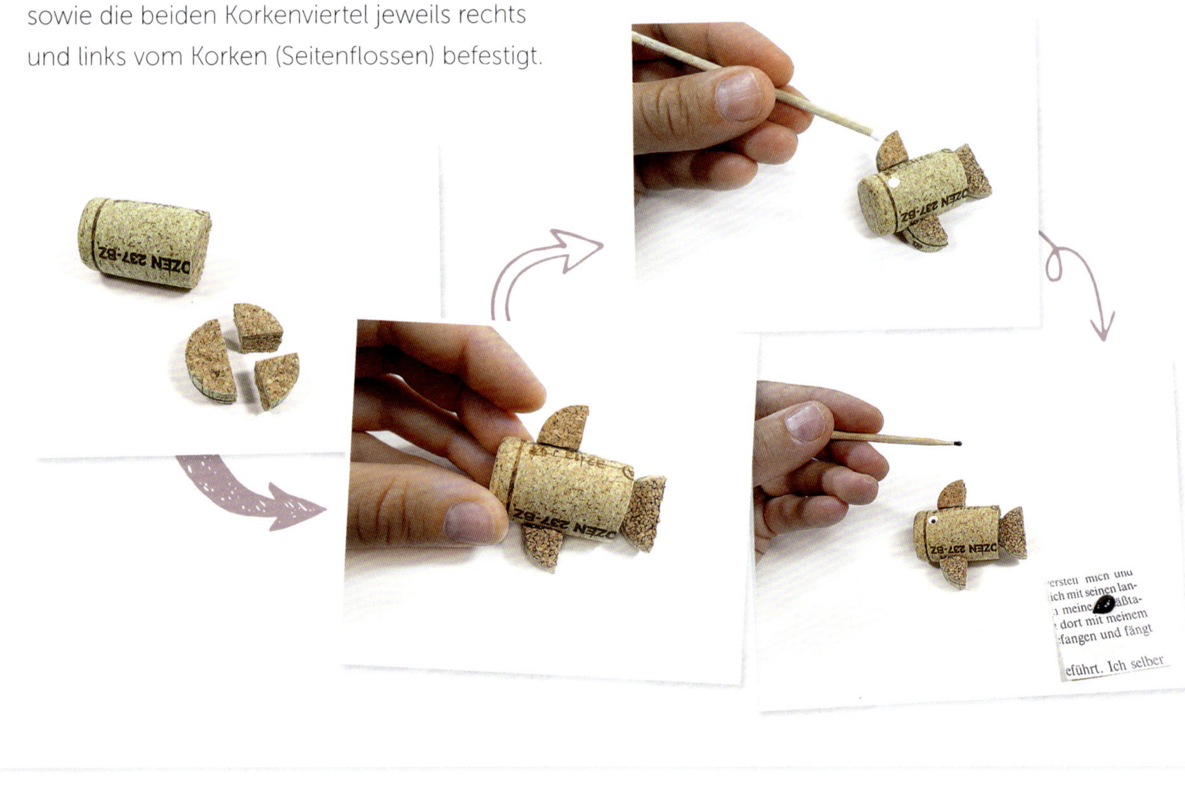

## DAS BRAUCHEN WIR

1 Korken (Fisch), 2 Korken (Schildkröte)

## HILFSMATERIAL

Heißklebepistole, Furniermesser, Acrylfarbe (schwarz, weiß), Schaschlikspieß

## IDEEN FÜR DICH

Wenn du deine Tierchen mit an den Badesee nimmst, hier zwei Spielideen:

**Wettrennen:** Jedes Kind bekommt ein Korkentier und platziert es auf dem Wasser. Nun müssen alle Kinder probieren, ihr Tier so schnell wie möglich an einen Platz zu befördern. Die Korkentiere dürfen dabei nicht mit den Händen berührt werden. Es darf gepustet, geplatscht, gespritzt ... werden! Und, wer erreicht als Erster das Ziel?

**Fischen:** Alle Korkentiere werden ins Wasser geworfen. Ein Kind erhält einen Kescher (oder ein Küchensieb) und muss so schnell wie möglich probieren, alle Fische und Schildkröten einzufangen! Wer schafft das am schnellsten?

## BASTELTIPPS UND VARIANTEN

- Da für diese Bastelidee das Furniermesser und die Heißklebepistole verwendet werden, braucht es für das Basteln unbedingt die Hilfe eines Erwachsenen! Damit auch die Kinder bei der Gestaltung der Tiere Hand anlegen können, können die Figuren mit Acrylfarben (bitte auf eine gute Qualität achten, damit diese wirklich wasserfest sind!) angemalt werden. Dabei die Tiere einfach auf einen Schaschlikspieß stecken, sodass man sie von allen Seiten gut bemalen kann!
- Wenn du deine Fische und Schildkröten mit Punkten versehen möchtest, kannst du einfach einen Pinselstiel oder die abgeflachte Seite eines Schaschlikspießes in die Acrylfarbe tauchen und damit drauflosstempeln.

# SORGEN-TROLLE

Kleine Sorgen, große Sorgen, kurzzeitige oder langfristige Sorgen: Jedem von uns schmerzt hin und wieder mal das Herz! Wenn das passiert, dann braucht es einen pfiffigen Sorgen-Troll, der hoffentlich den traurigen Menschen den Schmerz vertreibt und wieder ein Lachen ins Gesicht zaubert!

## BASTELIDEE:

1. Bestreiche etwas mehr als die Hälfte des Korkens mit Kleber und umwickle ihn mit dem bunten Garn.

2. Stanze mit dem Locher aus dem weißen Papier zwei Punkte aus, male die Pupillen auf und klebe die Augen an. Zeichne mit dem schwarzen Stift dem Sorgen-Troll einen lachenden Mund.

3. Nimm die Juteschnur und wickle sie einige Male um deinen Zeigefinger und Daumen. Knote zum Schluss diese Juteschnur-Bündel in der Mitte zusammen, schneide die so entstandenen Schleifen auf und klebe sie dem Sorgen-Troll auf den Kopf.

## DAS BRAUCHEN WIR

Korken, Garn (hellblau, grün), Juteschnur, Papier (weiß)

## HILFSMATERIAL

Kleber, schwarzer permanenter Stift, Schere, Locher

## IDEEN FÜR DICH

Oft tut es einfach gut, sein Herz ausschütten zu können. Wenn mal niemand zur Stelle ist, könntest du doch einem Sorgen-Troll deine Sorgen, Ängste und Befürchtungen erzählen. Sorgen-Trolle lieben es nämlich, Menschen zuzuhören! Sie sprechen auch nie dazwischen und sagen bestimmt kein Geheimnis weiter! Versprochen!

## BASTELTIPPS UND VARIANTEN

- Wenn du möchtest, kannst du die Augen auch einfach mit einem schwarzen permanenten Stift aufmalen oder mit weißer Acrylfarbe oder Deckweiß den Trollen – mithilfe eines Pinselstieles – Augen aufstempeln und anschließend mit einem schwarzen, permanenten Stift die Pupillen aufmalen. Auch mit einem Zahnstocher und schwarzer Acrylfarbe kannst du hervorragend Pupillen stempeln.
- Du kannst die Nasen mit dem schwarzen Stift aufzeichnen oder eine halbe Holzperle aufkleben!
- Entscheide selbst, ob du mit dem Garn bzw. der Wolle den Korken einfarbig umwickelst, ob du mit verschiedenen Farben Streifen erzeugen möchtest, ob du es lieber bunter magst und verschiedene Farbtöne beim Umwickeln verwendest!

# GLÜCKSSCHWEINCHEN

Alle Jahre wieder verabschieden wir uns am 31. Dezember vom alten Jahr und begrüßen kurze Zeit danach das neue Jahr, hoffentlich voller Gesundheit, Abenteuer, Liebe und Glücksmomente. Damit das neue Jahr deinen Lieben besonders viel Glück bringt, könntest du ihnen diese Glücksschweinchen mit auf ihren Weg geben. Oing, oing, oiiiiiiiing!

## BASTELIDEE:

1. Bemale den Korken auf allen Seiten mit rosaroter Acrylfarbe. Lass die Farbe trocknen.

2. Klebe nun den Knopf als Schweinchen-Nase auf. Stanze mit dem Locher aus dem weißen Papier zwei Punkte aus, male die Pupillen auf und klebe die Augen an. Zeichne dem Schweinchen außerdem einen Mund.

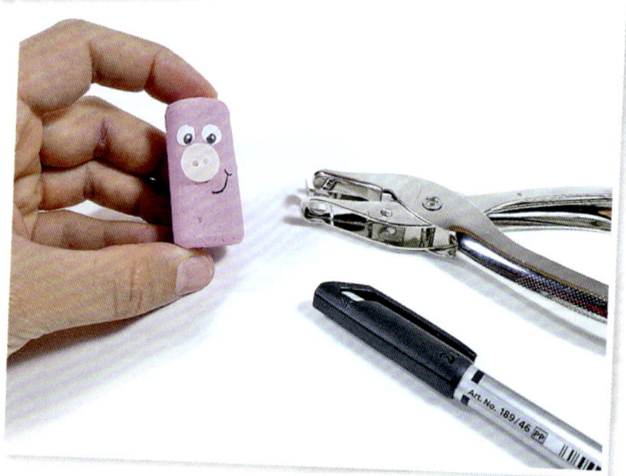

3. Schneide aus dem rosaroten Papier zwei Ohren und ein Schwänzchen aus und klebe sie auf!

## DAS BRAUCHEN WIR

Korken, Knopf mit zwei Löchern, Papier (weiß, rosarot)

## HILFSMATERIAL

Acrylfarbe (rosarot), Pinsel, Locher, Schere, Kleber, schwarzer permanenter Stift

## IDEEN FÜR DICH

**Glücksbringer:** Verteile die Glücksschweinchen am Silvesterabend auf dem Essenstisch als Dekoration. Jeder Gast darf sich am Ende des Abends ein Schweinchen mit nach Hause nehmen. Nett ist es, wenn du Glückwunsch-Zettelchen an den Schweinchen anbringst! Natürlich können die Glücksschweinchen auch in anderen Situationen (z. B. vor einem Test, vor einem Rennen, vor einer Operation ...) verschenkt werden.

## BASTELTIPPS UND VARIANTEN

- Die Schweinchen lassen sich am besten mit der Acrylfarbe anmalen, wenn du sie auf einen Schaschlikspieß drückst! Steck den Schaschlikspieß einfach in das Loch, das der Korkenzieher gemacht hat! Anschließend kannst du den Schaschlikspieß auf einen Tisch legen und mit einem Buch beschweren. Der Korken, der über die Tischkante hinausragt, kann so in aller Ruhe trocknen!
- Du kannst zum Anmalen pink-farbene oder rosarote Acrylfarbe verwenden: Falls dir die pinke Acrylfarbe zu grell ist, kannst du etwas weiße Acrylfarbe dazu mischen. Wenn dir die rosarote Acrylfarbe zu eintönig ist, gibst du etwas rote Acrylfarbe dazu.
- Du hast keine Acrylfarbe zu Hause? Dann bemale doch die Korken einfach mit etwas Deckweiß und rosaroter Wasserfarbe. Male ein paarmal über den Korken, bis die Farbe gut deckt.
- Wenn du keine flüssige Farbe verwenden möchtest, kannst du die Korken auch mit rosaroten Papierstückchen bekleben bzw. einen zusammenhängenden rosaroten Papierstreifen einmal um den Korken wickeln und festkleben.

# BLUMENVASEN

Hast du Lust, aus einer eintönigen Glasflasche eine bunte Blumenvase zu zaubern? Alles, was du dafür brauchst, sind eine Glasflasche, verschiedenfarbige Schnüre und Kleinigkeiten (z. B. Holzperlen, Muscheln ...), um deine Vase extra schön zu verzieren. Ich bin mir sicher, dass sich die gepflückten Blumen darin so richtig „blumenwohl" fühlen ...

## BASTELIDEE: BLUMENVASE

1. Bestreiche die Glasflasche nach und nach mit etwas normalem Bastelkleber. Umwickle sie zuerst mit Juteschnur, dann mit hellgrünem Garn und dann wieder mit Juteschnur. Achte darauf, dass die Schnurenden beim Farbtausch gut an der Flasche festkleben!

2. Bestreiche die Holzperlen mit etwas Kleber und bringe sie auf dem hellgrünen Garn an.

## DAS BRAUCHEN WIR

Glasflasche (ohne Deckel), Juteschnur, Garn (hellgrün), Holzperlen

## HILFSMATERIAL

Schere, Kleber

## IDEEN FÜR DICH

**Blumenvase für Wiesenblumen:** Fülle deine Vase mit Wasser und stecke frische Wiesenblumen hinein! Die Vasen machen sich gut als Tischdekoration, auf Fensterbrettern, beim Eingangsbereich ...

**Nettes Geschenk:** Wenn du das nächste Mal für jemanden einen Blumenstrauß pflückst, könntest du ihn ja direkt in deiner selbst gebastelten Blumenvase verschenken.

## BASTELTIPPS UND VARIANTEN

- An den Stellen, wo die Flasche ihre Form ändert (z. B. dicker oder dünner wird), ist es besonders wichtig, die Flasche gut mit Kleber zu bestreichen, damit die Fäden dort sicher kleben und nicht verrutschen!
- Du kannst die Glasflasche mit unterschiedlichen Garnfarben umwickeln und so Streifen erzeugen. Wenn du möchtest, umwickelst du sie auch nur einfarbig und wickelst mit einer anderen Farbe eine zweite Schicht darüber, um ein netzartiges Gewebe zu erzeugen. Deiner Fantasie sind keine Grenzen gesetzt!
- Deine Blumenvase kannst du mit einzelnen Holzperlen, Muscheln, Steinchen, kleinen Aststückchen, Moosgummistückchen, kleinen Details aus Papier, Knöpfen usw. schmücken. Achtung bei Papier: Beim Gießen können Wassertropfen herunterfallen und das Papier aufweichen!
- Wenn du möchtest, kannst du die Holzperlen auch auf einer Schnur auffädeln und diese um die Glasflasche wickeln.

# MIEZEN

Katzen sind schon sehr besondere Tiere: Sie machen es sich auf deinen ausgestreckten Beinen – auch ohne Erlaubnis – gemütlich. Sie öffnen Türen, obwohl sie niemand hereingebeten hat. Sie schreien mürrisch, wenn etwas gerade nicht nach ihrem Kopf geht. Aber sie schmusen auch liebend gerne, spielen mit allem, das sich bewegt, und schnurren um die Wette. Diese Miezen hier sind anders. Sie haben keine typischen Katzenmarotten, sitzen ganz still und fauchen garantiert nicht!

## BASTELIDEE: MIEZE MIT JUTESCHNUR-KÖRPER

1. Bestreiche die Glasflasche nach und nach mit normalem Kleber und umwickle sie mit Juteschnur. Achte darauf, dass der Anfang und das Ende der Schnur gut an der Flasche festkleben.

2. Schneide aus der braunen Pappe einen Katzenkopf und einen Schwanz, aus dem weißen Papier zwei Augen sowie aus dem rosaroten Papier eine Nase und das Innere für die Ohren aus. Bringe die rosaroten Papierstücke sowie die Augen am Katzenkopf an. Zeichne die Pupillen, das Schnäuzchen und die Schnurrhaare auf. Drehe den Katzenkopf um und bringe mit Klebestreifen einen Schaschlikspieß an der Rückseite an. Befestige den Schwanz an der Flaschenrückseite. Brich den Schaschlikspieß ab, sodass dieser genau in der Flasche Platz hat.

## DAS BRAUCHEN WIR

Glasflasche (ohne Deckel), Juteschnur, braune Pappe, Papier (weiß, rosarot), Schaschlikspieß

## HILFSMATERIAL

Schere, Kleber, schwarzer Filzstift, Klebestreifen

## IDEEN FÜR DICH

**Herzlich willkommen:** Schreibe auf ein Stück Pappe einen Willkommensgruß (z. B. „Herzlich willkommen", „Hereinspaziert!" ...) oder sonst etwas (z. B. „Familie Rizzo", „Miao, miao" ...), bringe das Pappschild an der Katze an und stelle sie in den Eingangsbereich.

## BASTELTIPPS UND VARIANTEN

- Wenn du möchtest, kannst du die Glasflasche mit Sand oder feinem Kies füllen und den Schaschlikspieß da hineinstecken. So ist der Kopf stabiler und dreht sich nicht!
- Du kannst die Glasflasche einfarbig oder auch mit verschiedenen Garn- oder Wollfarben umwickeln. Auch bunt-melierte Wolle bietet sich zum Umwickeln an!
- An den Stellen, wo die Flasche ihre Form ändert (z. B. dicker oder dünner wird), ist es besonders wichtig, die Flasche gut mit Kleber zu bestreichen, damit die Fäden dort sicher kleben und nicht verrutschen!
- Schmücke den Körper der Katze mit kleinen Papierstückchen!
- Wenn du deine Katze nicht mit Garn- oder Wolle umwickeln möchtest, kannst du beliebiges Papier (buntes Papier, braunes Packpapier, Zeitungspapier ...) in kleine Schnipsel reißen und die Glasflasche damit überkleben. Du könntest die Flasche auch mit weißen Papierstückchen überkleben und sie dann mit Wasserfarben bunt anmalen.
- Für die Schnurrhaare kannst du Juteschnur oder festes Garn verwenden.

# GRUSELBANDE

Wer hat denn diesen Typen hier geärgert, dass er so schief schaut? Und krabbelt da etwa eine Spinne an ihm hoch? Die Haare sehen ziemlich strubbelig aus! Keine Sorge, dieser Geselle tut nichts, außer eine schaurige Halloween-Stimmung zu verbreiten ... Hast du Lust, ihm noch eine ganze Gruselbande zu basteln, damit er nicht so alleine ist? Vielleicht schaut er dann fröhlicher.

## BASTELIDEE: GRUSELJUNGE MIT HELLBLAUEN HAAREN

1. Reiße das braune Packpapier in kleine Stückchen. Bestreiche diese nach und nach und klebe sie auf die Glasflasche.

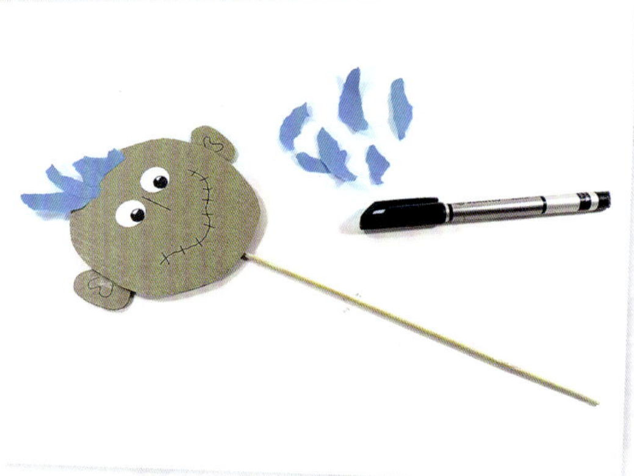

2. Schneide aus der braunen Pappe einen runden Kopf und zwei Ohren aus und klebe die Ohren am Kopf fest. Schneide aus dem weißen Papier zwei Punkte aus, zeichne die Pupillen auf und bringe sie am Kopf an. Zeichne dem Gruseljungen einen Mund, eine Nase und das Ohrinnere. Reiße das hellblaue Papier in kleine Stückchen und klebe diese als Haare auf. Bringe an der Rückseite des Kopfes mit etwas Klebestreifen den Schaschlikspieß an. Brich den Schaschlikspieß ab, bis er in der Glasflasche genau Platz hat.

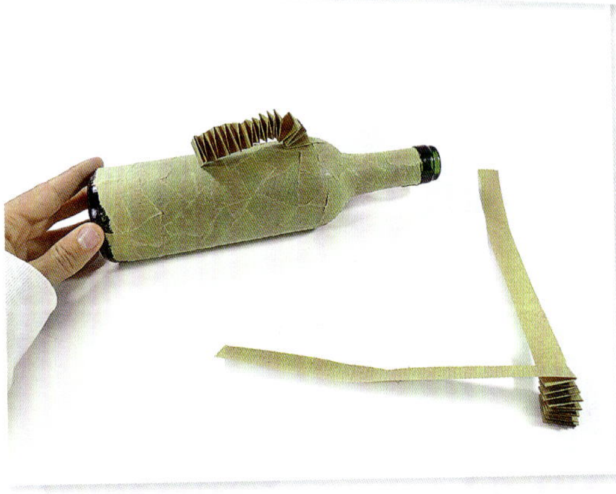

3. Schneide vom braunen Packpapier vier Streifen (z. B. 1 cm x 40 cm) ab. Nimm zwei Streifen, klebe sie an den Enden zusammen und fertige Hexentreppen-Arme an! Wiederhole genau das Gleiche mit den anderen beiden Streifen. Bringe die Hexentreppen-Arme am Körper des Gruseljungens an! Zeichne zum Schluss noch ein ekliges Spinnennetz auf die überklebte Glasflasche.

## DAS BRAUCHEN WIR

Glasflasche (ohne Deckel), braunes Packpapier, Papier (weiß, hellblau), braune Pappe, Schaschlikspieß

## HILFSMATERIAL

Kleber, Schere, schwarzer Filzstift, Klebestreifen

## IDEEN FÜR DICH

**Flaschenmumien:** Wenn du möchtest, kannst du die Glasflaschen mit Kleber bestreichen, mit weißem Verband umwickeln und dann gestalten. So erhältst du gruselige Flaschenmumien.

## BASTELTIPPS UND VARIANTEN

- Wenn du möchtest, kannst du die Glasflasche mit Sand oder feinem Kies füllen und den Schaschlikspieß da hineinstecken. So ist der Kopf stabiler und dreht sich nicht!
- Für das Zeichnen der Spinnennetze und Spinnen kannst du auch einen dickeren schwarzen Stift verwenden, damit man sie besser sieht. Alternativ zeichnest du sie auf weißes Papier auf, schneidest sie aus und klebst sie auf.
- Die Haare müssen nicht unbedingt einfarbig sein. Sie schauen auch toll aus, wenn du mehrere Farben verwendest! Natürlich kann deine Gruselbande auch Wollhaare haben!
- Spiele mit den Augen! Vielleicht schaut dein Gruselkind nach oben oder nach unten? Auch mit dem Mund kannst du Gefühle zeigen: Geht er nach unten oder oben, ist er gerade oder gewellt oder kurz oder lang oder schief?

# WEIHNACHTSMÄNNER

Um die Weihnachtszeit hat der Weihnachtsmann bekanntlich viel zu tun: Wunschbriefe lesen, Geschenke herrichten und anschließend noch ausliefern! Stress pur, ich sag's dir! Diese Weihnachtsmänner hier haben es bestimmt viel gemütlicher und können diese magische Zeit bei euch in den warmen Wohnungen genießen …

## BASTELIDEE: WEIHNACHTSMANN MIT BUCHSTABENBART

1. Bestreiche die Glasflasche mit Kleber und umwickle sie mit rotem Garn. Starte unten! Umwickle den letzten Teil der Flasche mit weißem Garn! Vergiss nicht, ihn vorher mit Kleber zu versehen.

2. Schneide aus dem rosaroten Papier den Kopf (wie einen Halbkreis) und aus dem roten Papier eine runde Nase aus. Klebe die Nase ins Gesicht und male mit dem schwarzen Stift Augen auf. Reiße die Magazinseite in kleine Stückchen und klebe sie rund um das Gesicht. Du kannst die Schnipsel auch so aneinanderkleben, dass der Bart etwas länger nach unten geht. Bestreiche anschließend den Kopf mit etwas Kleber und bringe ihn an der umwickelten Glasflasche an.

## DAS BRAUCHEN WIR

Glasflasche (ohne Deckel), Garn (weiß, rot), Papier (rosarot, rot), Magazinseite

## HILFSMATERIAL

Schere, Kleber, schwarzer Filzstift

### IDEEN FÜR DICH

**Dekoration:** Tolle Dekoration für die Weihnachtszeit!

**Gutscheine verschenken:** Wenn du jemandem einen Gutschein (z. B. „Dreimal Frühstück machen", „Einladung zu einer Pizza", „Fünfmal mit dem Hund Gassi gehen" ...) zu Weihnachten schenken möchtest, rolle diesen eng zusammen, fixiere ihn mit einem Stück Schnur und stecke ihn in die Glasflasche!

## BASTELTIPPS UND VARIANTEN

- Anstelle von Garn kannst du natürlich auch rote und weiße Wolle verwenden.
- Du kannst für den Bart eine Magazin- bzw. Buchseite oder einfach nur weißes Papier nehmen.
- Bringe Sternchen aus gelbem Papier, einen kleinen, braunen Papiersack, ein Geschenk oder Ähnliches am Weihnachtsmann an.
- An den Stellen, an denen die Flasche ihre Form ändert (z. B. dicker oder dünner wird), ist es besonders wichtig, sie gut mit Kleber zu bestreichen, damit die Fäden dort sicher kleben und nicht verrutschen!

# GLASGESCHICHTEN

Schau die Gläser mal genauer an! Hast du gesehen, dass da in der Mitte etwas hängt? Wenn du auf der Suche nach einer kreativen Gutschein- oder Einladungsidee bist oder einfach ein spannendes Erzählglas basteln möchtest, bist du auf dieser Seite genau richtig!

## BASTELIDEE: ES WAR EINMAL - GLAS

1. Schneide aus dem rosaroten Papier einen Kreis aus und zeichne ein freundliches Gesicht auf. Schneide aus dem dunkelgrünen Papier eine spitze Zwergenmütze und ein Kleid aus und klebe beides an die richtigen Stellen. Reiße vom beigen Papier kleine Stückchen ab, zerknülle sie und klebe sie dem Zwerg als Bart auf. Befestige an der Rückseite des Zwergs ein Stück Schnur.

2. Nimm den Deckel vom Glas ab und bitte einen Erwachsenen, mit Heißkleber das Schnurende in der Mitte der Deckelinnenseite zu fixieren.

3. Drehe den Deckel wieder auf das Glas: Der Zwerg hängt jetzt in der Mitte des Glases. Reiße das braune Papier in Schnipsel und befestige diese am unteren Rand des Glases. Schneide aus dem grauen Papier Steine aus und klebe sie dort an. Schneide aus dem braunen Papier einen Kreis, der etwas kleiner als der Deckel ist, aus und klebe ihn auf den Deckel. Stanze mit dem Locher einige Punkte aus hellgrünem Papier aus und klebe sie auf den Deckel und den unteren Glasrand. Schneide vom beigen Papier einen Streifen ab und schreibe „Es war einmal ..." darauf. Bitte einen Erwachsenen, das Schildchen mit etwas Heißkleber am Deckelrand zu

befe

## DAS BRAUCHEN WIR

Marmeladenglas, Schnur, Papier (rosarot, dunkelgrün, hellgrün, beige, braun, grau)

## HILFSMATERIAL

Schere, Kleber, schwarzer Filzstift, Heißklebepistole, Locher

## IDEEN FÜR DICH

**Gute-Nacht-Abenteuer:** Stell dein „Es war einmal"-Glas auf dein Nachtkästchen. Immer, wenn du nicht schlafen kannst, nimmst du es in die Hand, schließt die Augen und überlegst dir, welches Abenteuer heute dein Zwerg (oder die sonstige Kreatur) erlebt! Du kannst dich auf spannende Einschlafmomente freuen!

## BASTELTIPPS UND VARIANTEN

- Du kannst mit dieser Technik kreative Erzählgläser, aber auch originelle Gutscheine oder ganz besondere Einladungen gestalten.
- Wenn du eine zusätzliche Notiz im Glasinneren unterbringen möchtest, schreib diese auf einen Papierstreifen, rolle ihn auf und binde ihn mit einem Stück Schnur zusammen.
- Das Schildchen kann mit Heißkleber oder auch mit doppelseitigem Klebeband am Deckelrand befestigt werden. Auch kleine Zeichnungen machen sich dort gut!
- Du kannst verschiedene Papierformen, kleine Zeichnungen und so weiter am Glasrand ankleben. Lass deiner Fantasie freien Lauf!

# ICH-GLAS

Schaut mal her! Schauen diese Ich-Gläser nicht total witzig und originell aus? Dafür wurde ein Marmeladenglas mit Papierstückchen überzogen, mit ausgeschnittenen Fototeilen beklebt und gestaltet! Die Gläser zeigen, dass wir irgendwie gleich, aber doch so unterschiedlich sind! Schnapp dir ein Foto von dir und ein leeres Schraubglas und gestalte dein ganz eigenes Ich-Glas!

## BASTELIDEE: JUNGE MIT GRÜNEM T-SHIRT

1. Reiße das rosarote Papier in Stückchen und klebe sie nach und nach auf das Marmeladenglas, bis es vollkommen überzogen ist.

2. Nimm dein Foto und schneide beide Augen, die Nase und den Mund aus. Klebe die ausgeschnittenen Teile auf das Marmeladenglas. Zeichne auf dem rosaroten Papier noch zwei Ohren auf, schneide sie aus und klebe sie am Marmeladenglas fest. Reiße das dunkelbraune Papier in Stückchen und klebe sie als Haare an.

3. Reiße das hellgrüne Papier in Stückchen und klebe sie am unteren Rand als T-Shirt an. Schneide aus dem dunkelgrünen Papier einen Kreis, der etwas kleiner als der Deckel ist, aus und klebe ihn auf den Deckel. Schneide aus dem Magazin oder der Zeitschrift einige Buchstaben aus, schreibe damit deinen Namen oder ein sonstiges Wort und klebe sie auf den dunkelgrünen Kreis.

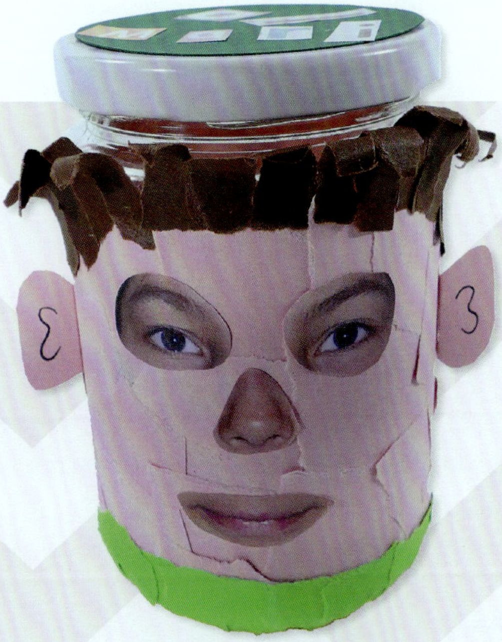

## DAS BRAUCHEN WIR

Marmeladenglas, Foto von deinem Gesicht, Papier (rosarot, dunkelbraun, hellgrün, dunkelgrün), Magazin oder Zeitschrift

## HILFSMATERIAL

Kleber, Schere, schwarzer Filzstift

## IDEEN FÜR DICH

**Familiendarstellung:** Natürlich kannst du das Glas auch nur als Dekoration verwenden. Bastle doch auch die restlichen Familienmitglieder nach und stelle „euch" in den Eingangsbereich. Manch ein Besucher wird eure Wohnung mit einem breiten Grinsen betreten! Wenn auch ein Haustier zu eurer Familie gehört, darfst du das auf keinen Fall vergessen! Mmm … Das wird witzig aussehen!

## BASTELTIPPS UND VARIANTEN

- Das Foto von deinem Gesicht sollte zur Größe des Glases passen.
- Du kannst an deinem Ich-Glas auch wackelige Hexentreppen-Arme anbringen.
- Wenn du dir eine Krone oder einen Hut auf den Kopf setzen möchtest, kannst du diese am Deckelrand festkleben.
- Wenn du kein Foto von deinem Gesicht hast, kannst du auch Augen, Nase und Mund malen, ausschneiden und aufkleben.
- Für die Haare eignen sich Papierstückchen, aber natürlich auch Wolle oder Garn.
- Besonders lustig werden die Gläser, wenn du auf dem Foto verschiedene Grimassen schneidest: Reiße den Mund weit auf, fletsche die Zähne, rolle deine Augen in verschiedene Richtungen, kneife die Augen zu schmalen Schlitzen zusammen! Dein Ich-Glas wird ultralustig werden, versprochen!

# TIERE

Niedliche Tiere kann man auch aus Schraubgläsern basteln! Das Tolle: Du kannst in diesen Tieren sogar kleine Schätze, Süßigkeiten und so weiter verstecken oder sie als Rasseln verwenden! Mache Papierschnipsel, überklebe damit das Glas und verwandle es im Nu in ein Tier deiner Wahl!

## BASTELIDEE: KATZE

1. Reiße die Magazinseite in Stückchen und klebe sie nach und nach über das Marmeladenglas. Klebe auch einige schwarze Papierstückchen an.

2. Schneide aus der Magazinseite einen Kreis für den Katzenkopf aus. Klebe ihn auf Pappe und schneide ihn aus. Schneide aus dem schwarzen Papier zwei Ohren und aus dem rosaroten Papier die Innenseiten dafür aus. Klebe die Ohren an. Reiße vom schwarzen Papier zwei Stückchen ab und klebe sie auf Augenhöhe auf. Nimm das weiße Papier doppelt und schneide zwei Punkte aus. Zeichne die Pupillen auf und klebe die Augen auf die schwarzen Flecken. Klebe eine rosarote Nase auf und zeichne das Mäulchen und die Schnurrhaare.

3. Schneide einen Pappestreifen (z. B. 9 cm x 1 cm) ab und falte ihn zweimal zu drei gleich großen Abschnitten. Falte den letzten nochmals mittig in zwei kleinere Abschnitte. Bestreiche den ersten davon mit Kleber, drücke ihn am anderen Pappstreifen-Ende fest.

4. Schneide aus dem schwarzen Papier einen Kreis etwas kleiner als den Deckel aus und klebe ihn dort auf. Klebe dann das gefaltete Pappstreifen-Dreieck mit einer Seite am Deckel fest. Auf die andere Seite klebst du den Kopf. Schneide ein Stück Schnur ab und mache an beiden Enden einen Knoten. Wickle das Schnurstück in der Mulde gleich unterhalb des Deckels einmal um das Glas und befestige Arme mit etwas Kleber.

## DAS BRAUCHEN WIR

Marmeladenglas, Papier (schwarz, rosarot, weiß), Magazinseite, Pappe, Schnur

## HILFSMATERIAL

Schere, Kleber, schwarzer Filzstift

## IDEEN FÜR DICH

**Süßigkeiten-Lager:** In den Tieren kann man hervorragend seinen Süßigkeiten-Vorrat verstecken und immer griffbereit haben! Natürlich bietet es sich da an, ein besonders großes Schraubglas fürs Basteln zu verwenden! ;-)

**Rasseln:** Wenn du deine gestalteten Figuren mit kleinen Steinchen, Glöckchen, getrockneten Hülsenfrüchten, Reis oder Ähnlichem befüllst, erhältst du im Handumdrehen eine selbstgebastelte Rassel.

## BASTELTIPPS UND VARIANTEN

- Wenn du bunte Tiere aus Marmeladengläsern basteln möchtest, kannst du sie mit weißen Papier- oder Magazinschnipseln überkleben und anschließend mit Wasserfarben anmalen. Natürlich kannst du auch direkt Papier in der gewünschten Farbe (z. B. für den Frosch grün) verwenden, zurechtreißen und damit das Marmeladenglas überkleben.
- Wenn du deinen Tieren keine Schnur-Arme verpassen möchtest, kannst du für sie auch Hexentreppen-Arme basteln!
- Du hast eine andere Idee? Dann bastle doch einfach dieses Tier nach! Du gehst dabei genau gleich vor, wie bei der Katze beschrieben. Wer keine Lust auf Tiere hat, verwandelt ein stinklangweiliges Marmeladenglas in eine Person! Wie die wohl aussieht?

# FILMROLLEN

Uiiii, jetzt kommt eine spannende Idee! Gestalte Filmstreifen zu einem bestimmten Thema, rolle sie auf, stecke sie in das von dir gestaltete Schraubglas und verschenke sie! Du wirst sehen, wie sich der Beschenkte freuen wird und wie sein Grinsen bei jedem Aufrollen breiter wird.

## BASTELIDEE: BESTE-FREUNDE-FILMROLLE

1. Reiße das grüne Papier in kleine Stücke und klebe diese nach und nach auf, bis du das ganze Marmeladenglas überzogen hast.

2. Zeichne auf einem weißen Papier dich und deinen besten Freund auf. Male die Zeichnungen anschließend mit Buntstiften an und schneide sie aus. Klebe die ausgeschnittene Zeichnung auf das grün überklebte Marmeladenglas und bringe außerdem einige Papierschnipsel kreuz und quer an.

3. Suche dir einen Filmstreifen auf S. 220 aus und kopiere ihn so oft wie nötig. Schneide die Filmstreifen aus und klebe sie so aneinander, dass sie zu einem langen, zusammenhängenden Filmstreifen werden. Suche dir dann ein bestimmtes Thema aus, zu dem du schreiben und/oder zeichnen möchtest, wie z. B. „Unsere tollsten Abenteuer". Beginne nun zum ausgesuchten Thema zu schreiben und/oder zu zeichnen. Vergiss nicht, deine Zeichnungen mit Buntstiften auszumalen. Sobald dein gesamter Filmstreifen voll ist, rollst du ihn zusammen und steckst ihn in deine gläserne Filmdose! Fertig zum Verschenken!

## DAS BRAUCHEN WIR

Marmeladenglas, Papier (weiß, grün), Papierschnipsel, Filmstreifen (S. 220)

## HILFSMATERIAL

Schere, Kleber, schwarzer Filzstift, Buntstifte

## BASTELTIPPS UND VARIANTEN

- Aus einigen Marmeladengläsern kann man schwer die aufgerollten Filmstreifen wieder herausziehen, da sich diese an die Form anpassen. Wenn du willst, kannst du deinen Filmstreifen, nach dem Aufrollen, mit einem Stück Schnur zusammenbinden und erst dann in die Filmrolle werfen.
- Du kannst, zusammen mit dem Filmstreifen, auch einige ausgestanzte Papierformen (z. B. kleine Konfettis zum Geburtstag, bunte Blümchen für die beste Freundin, rote Herzchen zu Omas und Opas Hochzeitsjubiläum) hineingeben.

## IDEEN FÜR DICH

**Einige Vorschläge für den Filmstreifen-Inhalt:** „Danke, dass du ...", „Ich mag dich, weil ...", „Weißt du noch, als ...?", „Du bist die Beste/der Beste, weil ...", „Ich wünsche dir ...", „Liebes Geburtstagskind", „Unsere letzten 5 Jahre", „Ich vergesse nie, wie ....". Du kannst an deiner Filmrolle auch ein kleines, passendes Notizschildchen anbringen.

- Wenn du zu Hause irgendwo Filmdosen von früher findest, kannst du natürlich auch diese gestalten und füllen!

# FOTOSCHNUR

Ist es nicht immer toll, Schnappschüsse anzusehen und sich an genau diese Momente zurückzuerinnern? Egal ob es Fotos von Bergabenteuern, Sandburgenbauen am Meer, Skifotos, Tierbilder oder Fotos von lieben Menschen sind – sie erinnern uns an etwas Besonders! Wie wäre es, wenn du deine Lieblingsfotos an dieser frühlingshaften Fotoschnur präsentieren würdest?

## BASTELIDEE: TULPENKLAMMER

1. Schneide aus dem hellgrünen Papier zwei Blätter aus und zeichne die Blattmusterung auf.

2. Schneide aus dem weinroten Papier einen Tulpenkopf aus und klebe ihn am oberen Rand der Holzklammer fest. Bestreiche die Blätter an der Vorderseite mit etwas Kleber und klebe sie von hinten ebenfalls auf die Holzklammer.

3. Ziehe durch die runde Feder ein Stück Schnur und knote es an beiden Schnurenden zusammen. Nun klemmst du dein Foto an die Klammer und hängst sie an der Schnur auf!

## DAS BRAUCHEN WIR

Holzklammer, Schnur, Papier (weinrot, hellgrün), beliebiges Foto zum Aufhängen

## HILFSMATERIAL

Schere, Kleber, schwarzer Filzstift

## IDEEN FÜR DICH

**Fotos präsentieren:** Hänge deine Fotoschnur in eurer Wohnung auf und stelle dort eure schönsten Fotos aus.

**Holzklammern anders gestalten:** Natürlich musst du die Holzklammern nicht mit Blumen und Schmetterlingen schmücken. Du kannst sie beliebig gestalten! Wenn du möchtest, malst du sie mit Wasserfarben bunt an und beklebst sie mit farbigen Papierstückchen oder du bringst an den Holzklammern deine Lieblingstiere, Früchte, Gesichtchen usw. an ...

## BASTELTIPPS UND VARIANTEN

- Du kannst natürlich auch Wäscheklammern aus anderen Materialien verwenden!
- Entscheide selbst, ob du auf deine Fotoschnur nur eine Holzklammer, also ein Foto (wie im Bastelbeispiel), oder gleich mehrere Holzklammern, also mehrere Fotos, hängen möchtest! Wenn du mehrere Holzklammern aufhängst, bietet es sich an, diese mit etwas Heißkleber zu befestigen oder an der Schnur festzuknoten, damit sie nicht verrutschen!
- Auch bei den Schmetterlingen werden die Flügel auf der Vorderseite in der Mitte mit etwas Kleber bestrichen und von hinten auf die Holzklammer geklebt.
- Bei den runden Blumen, aber auch bei den Köpfen der Schmetterlinge bietet es sich an, runde Motivstanzer in unterschiedlichen Größen zu verwenden.

# FARBKROKODILE

„Schnipp, schnapp schnapp, schnipp schnapp schnapp", schreien diese Farbkrokodile immer ganz laut, wenn man sie füttert! Du musst dir keine Sorgen machen: Sie sind keine fleischfressenden Raubtiere, wie es ihre Verwandten in Australien zum Beispiel sind! Sie haben am liebsten Briefe, Postkarten und Ähnliches in ihren Mäulern! Du musst auch keine Angst haben, dass sie plötzlich was hinunterschlucken – versprochen!

## BASTELIDEE: BLAUES FARBKROKODIL

1. Male die Holzklammer mit deinen Wasserfarben blau an. Möglicherweise musst du einige Male darüber malen, bis die Farbe richtig gut deckt. Warte, bis sie trocken ist.

2. Schneide aus dem weißen Papier zwei Punkte für die Augen aus, zeichne die Pupillen auf und klebe sie auf die Holzklammer.

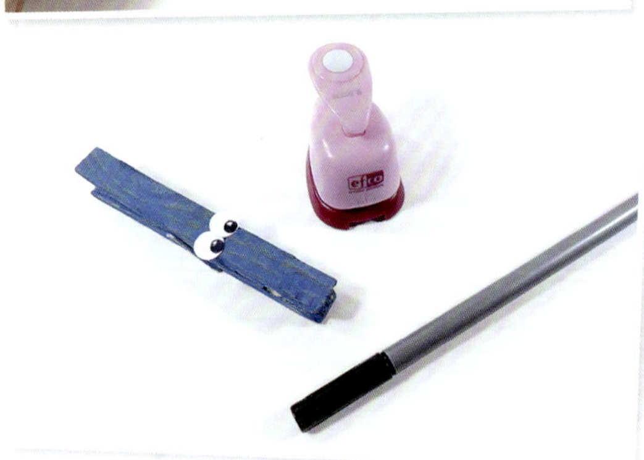

3. Zeichne mit dem schwarzen Stift Verzierungen und Muster auf die angemalte Holzklammer. Zeichne die Nasenlöcher des Krokodils ganz vorne auf.

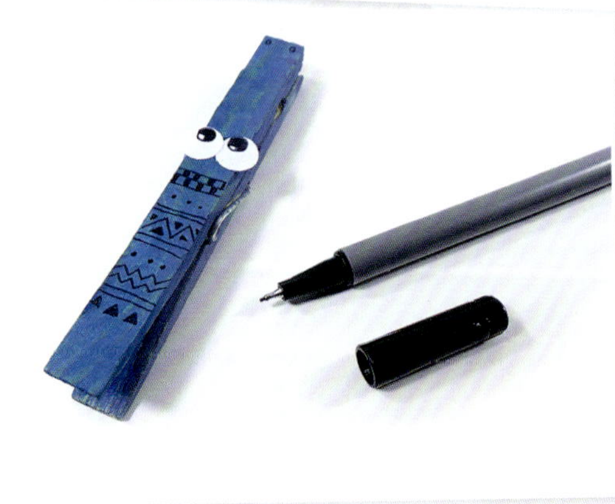

## DAS BRAUCHEN WIR

Holzklammer, Papier (weiß)

## HILFSMATERIAL

Wasserfarben, Malbecher mit Wasser, Pinsel, schwarzer Filzstift, Schere, Kleber, Motivstanzer (rund)

## IDEEN FÜR DICH

**Einladungen:** Wenn du das nächste Mal eine Party steigen lässt, kannst du die Details dazu einfach auf einfarbige Papiere schreiben, diese zusammenfalten, in deine selbst gemachten Farbkrokodile einklemmen und den anderen Kindern (oder Erwachsenen) überreichen! Eine sehr einfache, aber doch originelle Einladung!

## BASTELTIPPS UND VARIANTEN

- Um die Wartezeit beim Anmalen der Holzklammer zu reduzieren, kannst du sie mit einem Fön bei niedriger Temperatur anpusten.
- Mit dem runden Motivstanzer geht es schnell und einfach, perfekte Punkte auszustanzen. Mit der Schere ausschneiden geht aber auch.
- Du kannst die Holzklammern auch mit bunten Papierstückchen bekleben oder mit Buntstiften anmalen!
- Du musst deine Farbkrokodile natürlich nicht einfarbig anmalen! Wenn du verschiedene Wasserfarben benutzt, werden die Krokodile besonders bunt! Verwende nur wenig Wasser und achte darauf, dass die Farben nicht allzu sehr ineinander verfließen (sonst wird daraus schnell ein hässliches Braun).
- Auf der Rückseite deines Farbkrokodils kannst du doppelseitiges Klebeband anbringen und es irgendwo ankleben, z. B. bei deinem Schreibtisch.
- Wenn du für das Basteln eine Wäscheklammer aus einem anderen Material verwendest, kannst du einen Krokodilkörper auf buntem Papier oder Karton aufzeichnen, ausschneiden, gestalten und aufkleben!

# SANKT MARTIN

Hast du schon mal etwas von Sankt Martin gehört? Er war ein Ritter, der vor vielen Jahren mit seinem Pferd durch eine stürmische Nacht ritt und einem Bettler, der vor Kälte zitterte, seinen halben Mantel schenkte! Deshalb feiern wir am 11. November den Martinstag. Vielleicht magst du deinen eigenen Papier-St.-Martin basteln und ihn auf ein Kaffeefilterpferd setzen?

## BASTELIDEE: SANKT MARTIN MIT GRÜNER HOSE

1. Schneide aus dem beigen Papier einen länglichen Kopf und die Ohren für das Pferd aus. Nimm das dunkelbraune Papier und schneide einen Schwanz aus. Nimm den beigen Kopf und bestreiche den vorderen Rand mit etwas Kleber. Lege dann den mit Kleber bestrichenen Teil auf das dunkelbraune Papier, streiche einige Male darüber und schneide das überstehende braune Papier ab. Reiße anschließend das braune Papier so, bis du eine wuschelige Mähne für das Pferd erhältst. Bringe alle Teile an der richtigen Stelle am Kaffeefilter an und zeichne das Auge und das Nasenloch auf.

2. Nimm die Holzklammer! Schneide aus dem rosaroten Papier einen runden Kopf, einen kleinen Kreis für die Nase und einen mittelgroßen Kreis für die Hand, aus dem schwarzen Papier einen Pullover (Dreieck + Rechteck für den Ärmel) und einen Schuh und aus dem dunkelgrünen Papier die Hose aus (ca. wie ein Rechteck). Klebe die Nase sowie braune Papierstückchen als Haare auf den Kopf und zeichne das Auge und den Mund ein. Klebe alle Papierteile an der Holzklammer fest.

3. Schneide aus dem roten Papier einen Mantel aus und bringe ihn am Rücken des Reiters an. Schneide ein Stück Schnur ab, ziehe es durch die runde Feder und knote es anschließend an beiden Schnurenden zusammen!

## DAS BRAUCHEN WIR

Holzklammer, Papier (rosarot, rot, dunkelbraun, beige, schwarz, dunkelgrün), Schnur, Kaffeefilter

## HILFSMATERIAL

Schere, Kleber, schwarzer Filzstift

## IDEEN FÜR DICH

**Geschichte hören und basteln:** Lass dir die Geschichte über Sankt Martin von jemandem erzählen oder vorlesen und realisiere anschließend die Bastelidee! Tipp: Es gibt verschiedene Bilderbücher mit der Martinsgeschichte! Auch im Internet kann man die Geschichte schnell finden!

## BASTELTIPPS UND VARIANTEN

- Natürlich kannst du auch eine Wäscheklammer aus einem anderen Material verwenden.
- Wir sehen Martin von der Seite! Also sehen wir nicht beide Arme und nicht beide Beine! Wenn du bei der Bastelanleitung oben die Formen in der Klammer (für den Pullover ein Dreieck + ein Rechteck für den Ärmel sowie ca. ein Rechteck für die Hose) beachtest, hilft es dir, Martin von der Seite darzustellen.
- Wenn du Sankt Martin nicht mit buntem Papier basteln möchtest, könntest du ihn auch auf einem weißen Papier zeichnen, anmalen, ausschneiden und dann auf die Klammer kleben.
- Du kannst das Pferd beliebig gestalten: Klebe ihm z. B. braune oder beige Flecken auf den Körper. Wenn du für den Kopf ein dunkles Papier verwendest, kannst du das Auge aus weißem Papier ausschneiden, die Pupille aufzeichnen und dann aufkleben! So ist es viel besser sichtbar!

# KRIPPENFIGUREN

In unserer Kultur gehört eine Krippe mit Josef, Maria, dem Jesuskindind und Tieren, die neugierig danebenstehen, einfach zu Weihnachten! Von Holzkrippen mit Holzfiguren über Tonkrippen bis zu Glaskrippen: Es gibt so viele verschiedene Krippen. Mit Holzklammern und buntem Papier kann man diese tollen Krippenfiguren zu Hause ganz einfach selber basteln ...

## BASTELIDEE: MARIA MIT DEM JESUSKIND

1. Schneide aus dem dunkelblauen Papier eine ovale, unten abgeflachte Form aus. Die Form sollte ca. gleich groß wie die Holzklammer sein. Schneide aus dem rosaroten Papier einen runden Kopf und aus dem dunkelbraunen Papier Haare aus. Klebe die ausgeschnittenen Teile auf die dunkelblaue Form. Zeichne Maria ein Gesicht!

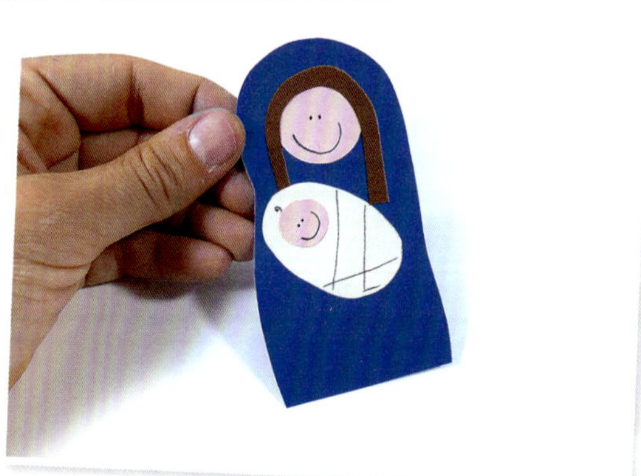

2. Schneide aus dem beigen Papier eine ovale, viel kleinere Form und aus dem rosaroten Papier einen kleinen Kopf aus. Klebe diesen auf die ovale Form und zeichne das Gesichtchen auf. Zeichne über die ovale Form einige Striche.

3. Schneide aus dem dunkelblauen Papier noch zwei Rechtecke für die Arme und aus dem rosaroten Papier zwei kleine Kreise für die Hände auf und bringe die Papierteile an den richtigen Stellen an. Bestreiche die Holzklammer mit Kleber und drücke Maria mit dem Jesuskind darauf.

## DAS BRAUCHEN WIR

Holzklammer, Papier (rosarot, dunkelblau, dunkelbraun, beige)

## HILFSMATERIAL

Schere, Kleber, schwarzer Filzstift

## IDEEN FÜR DICH

**Krippe aufbauen:** Jetzt brauchen die Krippenfiguren natürlich noch eine Krippe! Nimm dafür eine Kartonschachtel, fülle sie mit etwas Heu, Stroh, Moos oder Steinchen und klammere die Krippenfiguren am Schachtelrand fest. Du kannst ein kleines Körbchen oder einen Eierkarton verwenden! Wenn du möchtest, kannst du einen Pappestreifen gestalten (z. B. Naturmaterialien oder Details – wie z. B. Steinchen, Strohhalme ... aus Papier aufkleben), die Krippenfiguren darauf klammern und irgendwo anlehnen oder aufhängen!

## BASTELTIPPS UND VARIANTEN

- Um die Krippe zu vervollständigen, musst du natürlich auch die anderen Figuren nachbasteln! Bei ihnen gehst du genau gleich vor: Bastle zuerst die Figur mit Papier nach und klebe sie, sobald sie fertig ist, auf die Holzklammer!
- Schaue dir Bilder oder Zeichnungen von Krippen an, um dich inspirieren zu lassen! Vielleicht möchtest du ja zusätzlich noch die heiligen drei Könige, Hirten, neugierige Lämmchen usw. darstellen?
- Wenn du möchtest, kannst du die Krippenfiguren auch auf weißes Papier zeichnen, anmalen, ausschneiden und dann auf die Holzklammern kleben!

# WINZETIERE

Ein quiekendes Schweinchen, ein trötender Elefant, eine niedliche Giraffe und ein fiepsendes Häschen – was es nicht alles an Winzetieren gibt! Schnapp dir einige kleine runde Deckel, buntes Papier und erstelle deine eigene Winzetiere-Schar! Pass nur auf, dass es sich diese winzigen, pfiffigen Kerlchen nicht überall in deinem Zimmer gemütlich machen!

## BASTELIDEE: SCHWEINCHEN

1. Schneide aus dem pinken Papier einen runden Kopf und zwei Schweinchen-Ohren aus. Bringe mit etwas Kleber die Ohren am Kopf an.

2. Nimm den runden Motivstanzer und stanze einen großen Punkt aus. Zeichne die Nasenlöcher auf diesen Punkt und gib dem Gesicht noch Augen und Mund!

3. Bestreiche die Rückseite des Schweinchens mit Kleber und klebe es auf den Kronkorken!

## DAS BRAUCHEN WIR

Kronkorken, Papier (pink, rosarot)

## HILFSMATERIAL

Schere, Kleber, schwarzer Filzstift, Motivstanzer (rund)

### IDEEN FÜR DICH

**Glücksbringer:** Die Winzetiere kannst du super als kleine Glücksbringer verschenken!

**Geschenkanhänger und Kärtchen:** Wenn du die Winzetierchen umdrehst und den Kronkorken-Rand mit Kleber bestreichst, kannst du sie auf Kartonstückchen kleben und tolle Geschenkanhänger oder Glückwunschkärtchen basteln!

## BASTELTIPPS UND VARIANTEN

- Wenn du keine Kronkorken zu Hause hast, kannst du jeden anderen kleinen Deckel zum Basteln verwenden!
- Ein runder Motivstanzer (Durchmesser: 2,5 cm) erleichtert dir hier das Basteln immens, da du mit ihm schnell, einfach und genau die Tiergesichter ausstanzen kannst und perfekte Rundungen erhältst, die genau auf die Kronkorken passen!
- Oft funktionieren Motivstanzer nicht gut, wenn man sehr dünnes Papier verwendet! Kleiner Trick: Lege mehrere Blätter beim Stanzen übereinander und du wirst damit keine Probleme haben!
- Bei den anderen Winzetieren gehst du genau gleich vor: Schneide oder stanze zuerst den Kopf aus, bringe Papierdetails an, male das Gesichtchen auf und klebe erst dann das Papiergesicht auf den Deckel!
- Wenn dir das Papier für die Details zu dünn und unstabil ist, kannst du es auch doppelt nehmen, es zusätzlich auf Pappe kleben oder fürs Basteln direkt Karton verwenden!

# SCHIFFCHEN

Ich bin mir sicher, dass du zu Hause irgendwo einen Alu-Deckel liegen hast! Vielleicht vom Basilikum-Pesto, den ihr gestern zur Pasta gegessen habt oder von den sizilianischen Oliven, die Oma und Opa vom Urlaub mitbrachten oder von einer fruchtigen Marmelade, die ihr aufs Frühstücksbrot streicht? Aus solchen Deckeln lassen sich ganz einfach diese flotten Schiffchen basteln. Es handelt sich nicht um Dekoschiffchen, die irgendwo verstauben, sondern um Schiffe, die auf dem Wasser – egal ob in der Badewanne, im Meer oder auf der Pfütze – schwimmen!

## BASTELIDEE:

1. Schneide aus dem Verpackungsmaterial ein Dreieck aus. Brich den Schaschlikspieß in der gewünschten Länge ab und lege ihn, mit der Spitze nach unten, genau neben eine Seite des Dreiecks. Befestige den Schaschlikspieß mit Klebestreifen am Dreieck.

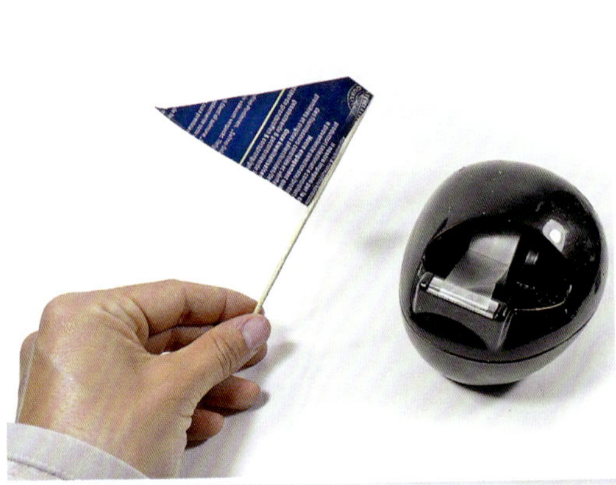

2. Rolle nun den Schaschlikspieß einige Male eng über das Verpackungsmaterial-Dreieck. Stanze gleich daneben mit dem Locher ein Loch ins Dreieck. Schneide ein Stück Schnur ab, stecke es durch das Loch und binde den zusammengerollten Teil fest.

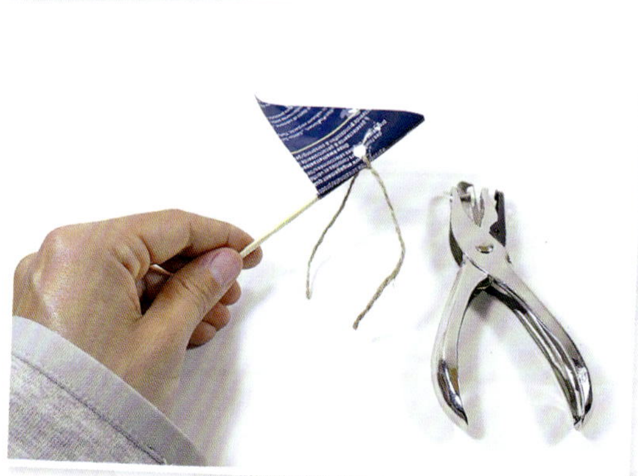

3. Bitte einen Erwachsenen, den Korken zu halbieren (wie auf dem Foto) und ihn mit Heißkleber in der Mitte des umgedrehten Aluminium-Deckels zu befestigen.

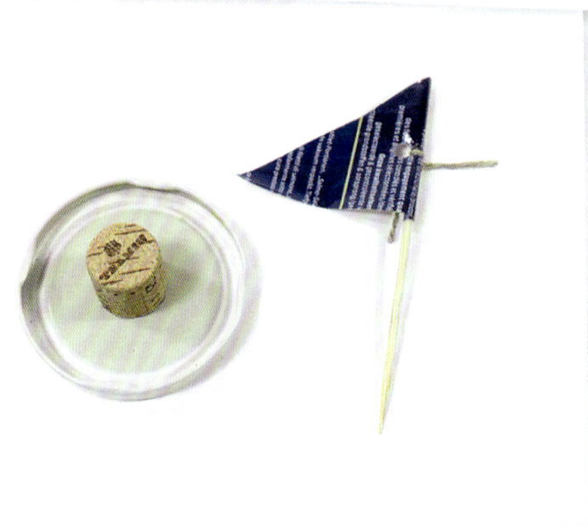

## DAS BRAUCHEN WIR

Aluminium-Deckel (z. B. von einem Marmeladenglas), Korken, Schaschlikspieß, Verpackungsmaterial aus Plastik (z. B. von einer Chipspackung), Schnur

## HILFSMATERIAL

Schere, Furniermesser, Heißklebepistole, Locher, Klebestreifen

## IDEEN FÜR DICH

**Schwimmende Schiffchen:** Wenn du das nächste Mal in der Badewanne, am Badesee, im Schwimmbad oder am Meer bist, kannst du die selbst gemachten Schiffchen ja mitnehmen und mit ihnen spielen. Vielleicht gibt es ja ins Wasser gefallene Fliegen, Blätter oder sonst etwas zu retten? Auch wenn du an einem kleinen Bächlein spielst, kannst du die Schiffchen mitbringen, sie irgendwo ins Wasser geben und sie von der Kraft des Wassers treiben lassen! Laufe ihnen nach oder bitte jemanden, sie an einer bestimmten Stelle herauszufischen. Vielleicht nehmt ihr ja eine Stoppuhr mit und schaut, welches Schiffchen einen bestimmten Abschnitt am schnellsten zurücklegt?

## BASTELTIPPS UND VARIANTEN

- Wenn du die Schiffsegel besonders bunt gestalten möchtest, könntest du sie auch mit bunter Acrylfarbe verzieren und Punkte aufstempeln, anmalen usw.
- Wenn du kein Verpackungsmaterial zu Hause hast, kannst du auch aus Moosgummi das Segel ausschneiden. Binde es aber am Schaschlikspieß an, da Klebestreifen nicht ausreichen würde! Wenn dieser nass wird, verliert er an Klebekraft und kann sich lösen!
- Wenn du besonders kleine Schiffchen mit kleinen Segeln machst, kannst du auch Zahnstocher als Masten verwenden.

# LESEZEICHEN MIT KÖPFCHEN

Schau einmal, wer da so frech aus den Büchern hervorguckt! Das hier sind Lesezeichen mit Köpfchen, die es sich liebend gerne in Büchern bequem machen. Vielleicht möchten ja auch deine Bücher mit diesen pfiffigen Lesezeichen Bekanntschaft machen?

## BASTELIDEE: BLUMENMÄDCHEN

1. Stelle den Schraubverschluss auf das rosarote Papier, fahre den Umriss nach und schneide den Kreis aus. Lege dann den Kreis auf das weiße Papier und fahre den Umriss einer Kreishälfte nach.

2. Nimm den rosaroten Kreis weg und zeichne mit dem schwarzen Stift die Haare auf. Orientiere dich dabei am gerade gezeichneten Halbkreis: Dieser sollte bei den gezeichneten Haaren ca. in der Mitte sein. Male mit einem gelben Buntstift die Haare an und schneide sie anschließend aus.

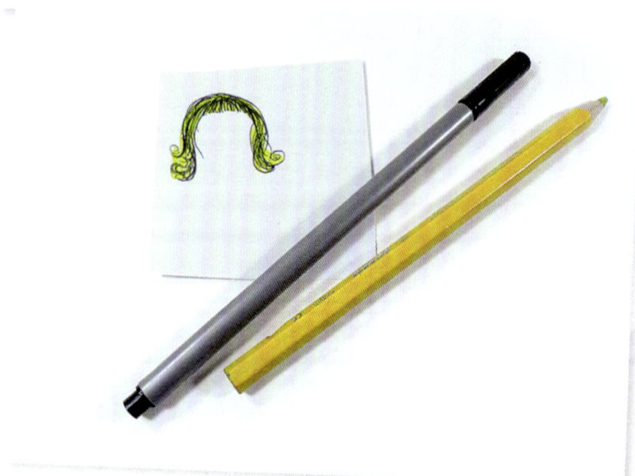

3. Klebe die Haare auf den rosaroten Kreis, zeichne das Gesichtchen auf und klebe den Kopf auf den Deckel. Bitte einen Erwachsenen, den Deckel mit Heißkleber am Holzstäbchen zu befestigen. Nimm nun wieder das weiße Papier, zeichne kleine Blümchen auf, male sie an, schneide sie aus und bringe sie mit etwas Kleber am Holzstäbchen an.

## DAS BRAUCHEN WIR

Flache Holzstäbchen zum Basteln, Papier (weiß, rosarot), Schraubverschluss (z. B. von Glasflasche)

## HILFSMATERIAL

Schere, Kleber, schwarzer Filzstift, Buntstifte, Heißklebepistole, Bleistift

## IDEEN FÜR DICH

**Lesezeichen:** Lege das Lesezeichen so in dein Buch, dass das Köpfchen noch herausschaut. Wenn du das nächste Mal das Buch in die Hand nimmst, musst du nur schauen, wo genau der Kopf herauslächelt, und schon hast du die Seite, bei der du weiterlesen musst, gefunden!

## BASTELTIPPS UND VARIANTEN

- Du kannst fürs Basteln kleine Aluminium-Deckel (z. B. von Glasflaschen), Kronkorken, Deckel von Milchtüten usw. verwenden.
- Wenn du kein flaches Holzstäbchen hast, kannst du den Kopf auch auf einen stabilen Pappestreifen kleben und diesen gestalten.
- Du kannst die Haare auch aus buntem Papier ausschneiden und aufkleben!
- Entscheide, ob du das Holzstäbchen „natur" belassen möchtest oder es mit Wasserfarben anmalst und mit buntem Papier (ausgestanzten Formen, Papierschnipseln ...) gestaltest!
- Wenn du keinen passenden Deckel zur Verfügung hast, kannst du den Kopf auch direkt am flachen Holzstäbchen befestigen.
- Da Jungs meist kürzere Haare als Mädchen haben und man die Ohren bei ihnen öfters sieht, solltest du bei den Jungen auch Ohren anbringen. Dafür zwei Punkte aus rosarotem Papier ausschneiden oder ausstanzen, mit etwas Kleber bestreichen, von hinten auf den rosaroten Kreis kleben und das Ohrinnere aufzeichnen. Fertig!

# SCHNEEMÄNNER

Weißt du noch, wie du deinen letzten Schneemann gebaut hast? Bestimmt aus drei unterschiedlich großen Schneekugeln, die du übereinandergestellt hast, mit zwei Ästchen als Arme und der kleinsten Kugel als Kopf, stimmt's? Wetten, dass du noch nie einen Schneemann aus unterschiedlich großen Aluminiumdeckeln und weißem Papier gemacht hast?

## BASTELIDEE: SCHNEEMANN MIT DUNKELBRAUNEM HUT

1. Reiße das weiße Papier in kleine Stückchen, bestreiche sie nach und nach mit Kleber und klebe sie auf die Aluminium-Deckel, bis die Oberseite damit komplett bedeckt ist.

2. Schneide aus dem dunkelbraunen Papier einen Hut und aus dem orangen Papier eine Karottennase aus. Mache auf der Nase einige Striche, klebe die ausgeschnittenen Teile auf und zeichne dem Schneemann Augen und einen Mund.

3. Lege die Aluminium-Deckel, wie auf dem Foto, vor dich hin. Schneide aus dem braunen Papier zwei Ästchen-Arme aus und klebe sie an der richtigen Stelle an. Nimm den Locher und stanze viele schwarze, kleine Punkte aus, die du wie Knöpfe am Schneemann befestigst. Bitte einen Erwachsenen, die Deckel mit etwas Heißkleber an den Rändern aneinanderzukleben. Außerdem soll mit etwas Heißkleber am oberen Rand des Kopfes eine Schnurschlaufe zum Aufhängen befestigt werden.

## DAS BRAUCHEN WIR

Aluminium-Deckel in drei verschiedenen Größen, Papier (weiß, dunkelbraun, schwarz, orange), Schnur

## HILFSMATERIAL

Kleber, Schere, schwarzer Filzstift, Locher, Heißklebepistole

### IDEEN FÜR DICH

**Winterliche Dekoration:** Egal, ob du die Schneemänner an die Wand, ins Fenster, an die Eingangstür oder sonst irgendwo hinhängst: Sie sind immer eine wunderbare Winterdeko!

**Weihnachtsbaumschmuck:** Du kannst die ganzen Schneemänner oder nur Schneemann-Köpfe an euren Weihnachtsbaum hängen!

## BASTELTIPPS UND VARIANTEN

- Entscheide selbst, ob du die ganzen Schneemänner oder nur die Köpfe nachbasteln möchtest!
- Gestalte deine Schneemänner, wie du magst: Vielleicht hat einer einen Hut auf, der gerade geflickt werden musste? Oder vielleicht trägt einer einen Schal, weil es bei ihm so bitterkalt ist? Oder vielleicht hat einer nicht einen Hut, sondern einen Kochtopf auf dem Kopf?
- Wenn du möchtest, kannst du auch kleine, richtige Knöpfchen an deinem Schneemann befestigen!
- Überlege dir, wie die Arme des Schneemanns angebracht werden: Zeigt einer nach oben, einer nach unten? Beide nach unten? Beide nach oben? Oder hält dein Schneemann möglicherweise etwas in seiner Hand?

# PÄDAGOGISCHER BEREICH

Herzlich willkommen im pädagogischen Bereich dieses Buches! Hier gibt es für ausgewählte Ideen zahlreiche Anregungen für Kindergarten und Grundschule! Die Seiten sollen zudem zeigen, dass von den Kindern gebastelte Sachen nicht im Regal verstauben sollen, sondern im Alltag aktiv eingebaut und verwendet werden können ...

## WELLPAPPE

### Dekostreifen

- **Ritual zum Jahreszeitenwechsel:** Bei jedem Jahreszeitenwechsel wird mit den Kindern das Thema Jahreszeit bewusst aufgegriffen, darüber gesprochen (wie entstehen die Jahreszeiten, was ändert sich jetzt, was ist typisch für diese Jahreszeit ...) und es erlebbar gemacht (Spaziergänge, Landschaft beobachten, Sammeltisch bereiten ...). Gemeinsam werden dann passende Dekofiguren für die Dekostreifen gebastelt.
- **Anschaulich Geschichten erzählen:** Der Wellpappe-Streifen lässt sich auch fürs Geschichten-Erzählen verwenden. Die wichtigsten Figuren und bedeutende Elemente (z. B. Apfel, grüner Pullover, Tisch ...) der Geschichte kopieren, ausschneiden und auf Zahnstocher kleben. Nach und nach werden die in der Geschichte vorkommenden Figuren in den Wellpappe-Streifen gesteckt, damit die Kinder sie länger betrachten können.
- **Countdown:** Wenn nur mehr wenige Tage (z. B. eine Woche oder 10 Tage) bis zu etwas Besonderem (z. B. Sommerferien, Geburtstag, Ostern, Oma und Opa kommen zu Besuch ...) fehlen, kann man mit dem Wellpappe-Streifen einen einfachen Countdown erstellen. Für jeden verbleibenden Tag wird eine Figur (z. B. Herzen, Blumen, Smileys ...) gebastelt und in den Papierstreifen gesteckt.

### Öko-Kitzelfritz

- **Körperteile verschwinden lassen:** Alle Kinder sitzen im Kreis. Den Kindern wird erzählt, dass der Kitzelfritz Körperteile verschwinden lassen kann. Gemeinsam wird entschieden, welches Körperteil zuerst verschwinden soll, z.B. die Hände. Die pädagogische Fachkraft kitzelt alle Kinder nach und nach an den Händen. Sobald die Kinder vom Kitzelfritz gekitzelt wurden, müssen sie ihre Hände verstecken. Sobald alle Kinder „keine Hände" mehr haben, wird das Lied „Meine Hände sind verschwunden ..." gesungen. Sobald im Lied der zweite Teil („Ey, da sind die ....") gesungen wird, erscheinen die Hände wieder.
- **Du bist dran:** Im Kindergarten und in der Grundschule braucht es oft Momente, wo alles geregelt zugehen soll. Da ist der Kitzelfritz ein toller Helfer! Alle Kinder geben ihren „Kopf in den Sand" (sie sitzen und legen ihren Kopf auf ihre Arme) und schließen die Augen. Sobald sie vom Kitzelfritz gekitzelt werden, dürfen sie sich leise erheben und die ausgemachte Tätigkeit durchführen.

### Eulen

**Gemeinschaftsbild:** Besonders toll wirken die Eulen, wenn es eine ganze Schar von ihnen gibt! Vielleicht können einige Baumäste in eine Vase hineingesteckt oder an der Raumdecke befestigt und mit den kunterbunten Eulen der Kinder geschmückt werden?

## PAPPTELLER RECHTECKIG

### Grundrahmen

- **Angebot nach Geschichte**: Eine Geschichte wird den Kindern vorgelesen.
  - Idee 1: Jedes Kind gestaltet anschließend dazu seinen Pappteller passend! Es kann selbst entscheiden, was es von der Geschichte malen möchte und wie es seinen Pappteller gestaltet.
  - Idee 2: Die Kinder erzählen gemeinsam die Geschichte nach. Sie wird anschließend in verschiedene Szenen eingeteilt. Jedes Kind erhält eine Szene und muss dementsprechend seinen Pappteller gestalten.
- **Das-gefällt-mir-Collage:** Jedes Kind erhält einen Pappteller. Aus verschiedenen Zeitschriften, Prospekten, Magazinen usw. dürfen die Kinder Schriften, Bilder, Muster usw., die ihnen gut gefallen, ausschneiden bzw. herausreißen und damit auf dem Pappteller eine Collage kleben.
- **Malen wie die großen Künstler**: Warum nicht Pappteller wie Hundertwasser, Klimt oder Haring anmalen und anschließend ausstellen? Oder einfach nur mit Farben experimentieren und den Teller abstrakt bemalen?

### 3D-Ich-Schild

- **Deko-Ideen in Kindergärten und Grundschulen:** Diese Ich-Schilder eignen sich gut, den Garderobenbereich zu gestalten (dafür über jeden Sitzplatz das „richtige" Ich-Schild hängen) oder für die Tür des Klassenzimmers.
- **Ich-Museum zum besseren Kennenlernen:** Jedes Kind erstellt sein eigenes Ich-Schild. An den Rückseiten der Ich-Schilder werden Steckbriefe, welche die Kinder selber ausgefüllt oder geschrieben haben, befestigt. Die Streckbriefe können interessante Einzelheiten (z. B. Das Lustigste, das mir je passiert ist .... Ich liebe ... Das Essen mag ich gar nicht ... Wäre ich steinreich, würde ich ...) beinhalten. Die Schilder werden im Raum verteilt hingelegt oder aufgehängt. Alle Kinder schleichen durch den Raum, schauen sich die Werke an und lesen sich die Steckbriefe durch. In einer Abschlussrunde dürfen die Kinder berichten, woran sie sich erinnern und was sie Neues erfahren haben.

### Webfiguren

- **2 in 1 – Dekoration und Weihnachtsgeschenk:** Die weihnachtlichen Webrahmen geben dem Gruppenraum oder Klassenzimmer einen weihnachtlichen Touch über die gesamte Adventszeit. Danach können sie den Eltern als Weihnachtsgeschenk überreicht werden.
- **Fächerübergreifendes Unterrichten:** Wenn in der Grundschule das Thema „Altes Handwerk" behandelt wird, können die Kinder beim Kunst- und Technikunterricht selbst weben.

## PAPPTELLER RUND

### Bilderrahmen

- **Geburtstagsrahmen:** Ein Pappteller wird angemalt und mit buntem Papier gestaltet. Immer wenn es ein Geburtstagskind in der Gruppe gibt, wird ein Foto von ihm in den Rahmen geklemmt und in den Eingangsbereich gehängt.
- **Job-Anzeigetafel:** In Kindergruppen gibt es immer wieder Jobs (z. B. Pflanzen gießen, Laufbote, Tafeldienst ...), die an die Kinder für bestimmte Zeit vergeben werden. Warum nicht für alle Jobs einen Pappteller gestalten und die Fotos der Kinder entsprechend der Stellenvergabe dort einklemmen? So kann man auf den

ersten Blick sehen, wer für diesen Job gerade zuständig ist.

Papptellerbild

- **Thema „Tiere und ihr Lebensraum" bzw. „Tiere"**: Nachdem in der Grundschule das Thema „Tiere und ihr Lebensraum" durchgenommen wurde, entscheidet sich jedes Kind für ein Tier, gestaltet damit sein Papptellerbild und präsentiert es in der Klasse. Wenn nicht speziell Lebensräume, sondern nur Tiere besprochen werden, kann dies mit einer kleinen Recherche-Übung verbunden werden: Die Kinder entscheiden sich für ein Tier und recherchieren, in welchen Lebensräumen diese Tiere leben.
- **Sich präsentieren:** Wie vorher bereits geschrieben, können die Kinder auch sich und ihr gewohntes Umfeld mit der Technik darstellen.

## PAPPROLLEN

Geschichtenrollen

- **Geschichtenrollen**: Eine Geschichte wird vorgelesen oder erzählt. Als Abschluss zeichnen oder schreiben die Kinder etwas zu der Geschichte (an was sie sich erinnern, Brief an die Hauptfigur, wie die Geschichte weiter geht ...) und gestalten ihre eigene Papprolle beliebig.
- **Mutter- und Vatertag:** Jedes Kind gestaltet eine Papprolle für Mutter oder Vater. Auf die Papprolle könnte eine Zeichnung des Elternteiles aufgeklebt oder die Papprolle nach seinem Geschmack (Lieblingsfarbe, Zeichnungen von Lieblingssachen aufkleben ...) gestaltet werden. Anschließend wird ein Brief, ein Gedicht, eine Geschichte oder Ähnliches geschrieben, aufgerollt und in die Rolle gesteckt.

Schlossbewohner

- **Naturschloss bauen:** Jedes Kind bastelt seine eigenen Schlossbewohner. Anschließend wird ein Ausflug in den Wald gemacht, wo jedes Kind den Auftrag hat, sein eigenes Waldschloss für die lustige Schlossschar zu bauen. Die Papierfiguren werden hineingesetzt. Zum Abschluss präsentiert jedes Kind sein Schloss und kann eine kleine Szene mit seinen Waldbewohnern vorspielen.

Beobachtungsrohr

- **Herbstfarben-Suche**: Alle Kinder basteln ihr eigenes Beobachtungsrohr und gehen dann ins Freie auf Herbstfarben-Suche: Verfärbte Blätter werden gesammelt und ganz genau beobachtet! Anschließend malen die Kinder mit Wasserfarben einen Herbstbaum!
- **Wolkengeschichten:** Die Kinder gehen mit ihrem Beobachtungsrohr ins Freie, legen sich hin und beobachten mit ihrem Rohr die Wolken. Jedes Kind betrachtet die Wolken aus einem anderen Blickwinkel, mit anderen Vorstellungen und sieht in den Wolken unterschiedlichste Figuren und Formen. Sobald die Kinder etwas in einer Wolke gesehen haben, legen sie das Rohr weg und überlegen sich zu ihrem Wolkenbild eine Geschichte, die sie aufschreiben.

Faschingsnarren

**Faschingsnarren-Geschichten**: Jedes Kind bastelt seinen eigenen Faschingsnarren! Dann verfasst es eine kleine Geschichte über ihn. Danach werden die Geschichten zusammengerollt und in die jeweiligen Faschingsnarren gesteckt. Diese werden in der Klasse aufgestellt. Die Kinder gehen herum, betrachten die Figuren und können die dazugehörenden Geschichten lesen.

## BIERDECKEL

Herbstbäumchen

- **Beobachten und nachmalen:** Die Beobachtungsrohre auf S. 48 bieten sich an, die Kinder zur Herbstfarben-Beobachtung zu schicken.

Danach können sie die Bäume, die sie gesehen haben, nachbasteln.

- **Riesenbaum:** Jedes Kind gestaltet einen Bierdeckel. Aus braunem Packpapier oder Karton wird ein riesiger Baumstamm mit Ästen ausgeschnitten und an der Wand befestigt. Die von den Kindern gestalteten Bierdeckel werden als Baumkrone aufgeklebt.
- **Herbstgedichte:** Jedes Kind bastelt seinen eigenen Herbstbaum und schreibt ein Herbstgedicht. Alle Herbstbäumchen werden auf einen trockenen Ast gehängt bzw. an der Wand angebracht. Jedes Kind soll sich die Position des Herbstbaumes genau merken. Der Raum wird abgedunkelt. Nach und nach werden die einzelnen Herbstbäumchen mit einer Taschenlampe angeleuchtet. Das Kind, dessen Herbstbäumchen gerade angeleuchtet wird, ist dran, sein Herbst-Gedicht vorzutragen.

### Smileys

- **Smiley-Ampel:** Jedes Kind bastelt einen glücklichen und einen traurigen Smiley, die man an den Rückseiten zusammenklebt. In ihre Mitte wird ein Pappestreifen oder ein flaches Holzstückchen befestigt. Diese „Smiley-Ampel" kann unterschiedlich verwendet werden: **Gefällt mir/gefällt mir nicht:** Anhand der Smiley-Ampel können Kinder aufzeigen, ob ihnen etwas gefällt oder nicht. Zum gegenseitigen Kennenlernen kann man z. B. eine kleine Powerpoint-Präsentation mit unterschiedlichen Bildern (z. B. Fußball, Eis, Hund, ...) vorbereiten. Wenn den Kindern etwas gefällt, zeigen sie den glücklichen Smiley, sonst den traurigen Smiley. Wer keine Präsentation dafür machen möchte, kann auch mündlich einige Beispiele nennen.
  **Richtig/falsch:** Die Smiley-Ampel kann auch zur Wissens-Überprüfung verwendet werden. Die Kinder werden mit unterschiedlichen Aufgaben bzw. Fragen konfrontiert. Wenn etwas stimmt (z. B. Mathe = 34 + 23 = 57), wird der glückliche Smiley gezeigt. Wenn etwas falsch ist (z. B. Deutsch (Rechtschreibung) = mi**h**r), wird der traurige Smiley gezeigt.
- **Gefühlsbarometer:** Unterschiedliche Smileys werden auf den Boden gelegt. Jedes Kind erhält einen Muggelstein oder etwas Ähnliches. Sobald es an der Reihe ist, steht es auf und legt seinen Muggelstein zu dem Smiley, der sein heutiges Gefühl am besten repräsentiert. Beim Hinlegen sagen die Kinder z. B. „Ich bin glücklich" oder „Heute geht es mir nicht gut."
- **Feedback:** Die Smileys lassen sich auch verwenden, um von den Kindern ein Feedback einzuholen. Dafür werden verschiedene Smileys (z. B. ein glücklicher, ein trauriger und ein neutraler) auf den Boden gelegt. Die pädagogische Fachkraft stellt den Kindern eine Frage (z. B. „Wie hat dir der Wochenplan dieser Woche gefallen?", „Wie war für dich der Ausflug gestern?" ...). Die Kinder entscheiden für sich selbst und legen einen Muggelstein zum passenden Smiley.
- **Mit Gefühlen arbeiten:** Für die Empathie ist es wichtig, mit Kindern offen über Gefühle zu sprechen. Situationen in der Gruppe (z. B. Mobbing, Streit, Freundschaften ...) können aufgegriffen und mit den Kindern, mithilfe der unterschiedlichen Smileys besprochen werden. Gemeinsam mit den Kindern wird überlegt, wie sie sich in bestimmten Situationen fühlen würden. Oft bieten sich auch Kindergeschichten oder Bilderbücher an, die darin vorkommenden Gefühle nochmals genauer aufzugreifen und zu besprechen. Auch dafür eignen sich die Smileys.

## CHIPSROLLEN

### Riesenschnecken

- **Schneckenpost zum Geburtstag:** Am Anfang

des Kindergarten- bzw. Schuljahres basteln alle Kinder eine Schnecke. Sobald ihr Geburtstag dann vor der Tür steht, schreibt oder malt jedes Kind etwas für das Geburtstagskind. Die Schnecke wird befüllt und dem Geburtstagskind als Geschenk überreicht.

- **Frühlingsgedichte:** Die Schnecke wird mit kurzen Gedichten zum Thema Frühling gefüllt, entweder von den Kindern selbst geschrieben oder aus Büchern kopiert. Die Gedichte werden zusammengefaltet und in die Schnecke gesteckt. Sie wird im Kreis herumgereicht, jedes Kind zieht ein Gedicht und trägt es vor.
- **Gruppen bilden**: Je nachdem, wie die Gruppen gebildet werden sollen, wird die Schnecke befüllt, z. B. mit Bonbons – 4x Kirsch, 4x Orange und 4x Erdbeere für 3 Gruppen à 4 Kindern. Fürs Gruppenbilden können auch verschiedene Abbildungen, Murmeln, kleine Gegenstände ... verwendet werden. Die Schnecke wird herumgereicht und jedes Kind nimmt sich „blind" einen Gegenstand. Die Kinder mit dem gleichen Gegenstand bilden je eine Gruppe.

### Pflanzenfrisuren

- **Raumdekoration:** In Gruppenräumen, Klassenzimmern, Eingangsbereichen ... macht sich eine Schar von Chipsrollen-Lausern hervorragend als Raumdekoration! Das Gießen der Pflanzen übernehmen die Kinder.
- **Pflanzen setzen:** Man kann gemeinsam mit den Kindern Pflanzen in die Chipsrollen setzen.

### Spartiere

- **Briefkasten:** Im Kindergarten oder in der Schule können die Chipsrollen-Tiere als Briefkasten für kleine Mitteilungen, Zeichnungen, Rückmeldungen ... verwendet werden. Zettelchen zusammenfalten und in die Dose werfen.
- **Komplimente über Komplimente:** Jedes Kind bastelt sein eigenes Tierchen und schreibt seinen Namen darauf. Die Tierchen wandern im Kreis herum. Jedes Kind schreibt einen Wunsch, eine gemeinsame Erinnerung, ein Kompliment für den Besitzer des Tierchens auf ein Blatt und wirft es hineinl. Am Ende erhält jeder seine eigene Chipsdose voller lieber Worte.

## PAPPE UND FESTER KARTON

### Einladungen

- **Lieblingstiere:** Jedes Kind darf sein Lieblingstier aus Pappe machen und in der Garderobe über seinem Sitzplatz aufhängen.
- **Weihnachts- oder Ostergruß:** Eine Figur passend zum Fest basteln, Glückwünsche auf ein Kärtchen schreiben, aufrollen, befestigen und als Geschenkanhänger anbringen.

### Schnapptiere

- **Handpuppen**: Die Schnapptiere sind tolle Handpuppen, die in den verschiedensten Situationen eingesetzt werden können.
- **Geschicklichkeits-Spiel:** Die Kinder dürfen unterschiedliche Gegenstände (z. B. Klamotten, kleine Figuren, Bälle, Shampoo-Flaschen ...) nur mit ihren Schnapptierchen anfassen und sie durch einen vorbereiteten Parkour transportieren. Ob da nicht mal was auf den Boden fällt?

### Pappe-Büchlein

**Geschichten schreiben**: Nachdem eine Geschichte auf ein Schmierblatt geschrieben und verbessert wurde, wird ein zur Geschichte passendes Büchlein gestaltet und die Geschichte auf dem Papierstreifen in Schönschrift abgeschrieben und passende Bilder werden dazu gezeichnet.

### Fingerpuppen

- **Einsatzmöglichkeiten**: Fingerpuppen sind tolle Begleiter im Kindergarten, in der Grundschule, in Freizeitgruppen usw. für Fingerspiele,

Geschichten, Rituale, Gedichte, Spiele ... und kommen bei Kindern immer sehr gut an!

- **Figuren nachbasteln:** Warum nicht die Hauptpersonen von einem Bilderbuch oder einer Geschichte nachbasteln und gemeinsam mit ihnen die Handlung nachspielen?
- **Geschichten veranschaulichen:** Die Kinder könnten eine selbst geschriebene Geschichte ganz anschaulich und sehr kreativ ihren Mitschülern und Mitschülerinnen präsentieren.
- **Geografie – Vogelperspektive:** Sobald mit den Kindern die Draufsicht besprochen wird, kann eine Vogel-Fingerpuppe gebastelt werden. Die Kinder fliegen mit der Fingerpuppe durch die Wohnung, betrachten die Gegenstände von oben und zeichnen die Grundrisse auf einem karierten Blatt nach.

## EIERKARTON

### Oster-Trio

- **Osternester**: Jedes Kind sucht sich eines dieser Eierkarton-Tierchen aus und bastelt es bereits vor Ostern. Am Ostersonntag wird dieses dann auf den Balkon, in den Garten ... gestellt und das Kind wartet, bis es der Osterhase (hoffentlich) mit leckeren Schokoladeeiern und anderen Kleinigkeiten füllt.
- **Geheimer Osterhase**: Jedes Kind in der Kindergruppe bastelt sein eigenes Ostertier aus dem Eierkarton. Dann wird heimlich jedem Kind irgendein Eierkarton mit nach Hause gegeben. Seine Aufgabe ist es, den Eierkarton zu füllen und dann wieder mit in den Kindergarten oder die Grundschule zu bringen. Jedes Kind erhält dann wieder seinen Eierkarton und darf sich über den Inhalt freuen!

### Monsterchen

- **Monster-Lük für die Schule**:
  - Jedes Kind hat ein Eierkarton-Monster mit sechs „Mulden". Die Mulden werden von 1 bis 6 durchnummeriert (oben links (1) nach oben rechts (3), unten links (4) bis unten rechts (6).
  - Jedes Kind hat außerdem mehrere kleine Papierkreise in 3 Farben (orange, grün, blau).
  - Ein Quiz zu einem bestimmten Thema mit 6 Fragen und je 3 Antwortmöglichkeiten wird vorbereitet. Jede Antwortmöglichkeit hat genau eine Farbe (orange, grün, blau).

  So wird gespielt:
  - Das Quiz wird auf einem Beamer gezeigt. Nach und nach werden die Fragen und deren Antwortmöglichkeiten präsentiert. Bei jeder Frage muss das Kind entscheiden, welche Antwort richtig ist und die entsprechende Farbe in die entsprechende Mulde legen. Beispiel – Frage 1: Wie viel ist 1 + 3? (4, 6, 2) Die richtige Antwort ist 4, deshalb legt das Kind einen orangen Farbkreis in die Eierkarton-Mulde 1. So geht es weiter, bis alle Fragen gestellt und alle Eierkarton-Mulden mit einer bestimmten Farbe belegt sind. Am Ende des Quiz kann man eine Lösung einblenden. Wenn alle Farben übereinstimmen, hat das Kind alles richtig gemacht!

  Diese Methode eignet sich gut für die Grundschule und für verschiedenste Kontexte!
- **Rechen-Bingo:** Die Monsterchen werden mit verschiedenen Mathe-Ergebnis-Kärtchen (z. B. Zahlenraum 20) gefüllt. In jede Mulde wird genau ein Kärtchen gelegt. So wird gespielt: Nach und nach werden Rechnungen aufgerufen. Die Kinder rechnen diese aus und kontrollieren, ob sich das passende Ergebnis in ihrem Monsterchen befindet. Wenn sie dort das richtige Ergebnis finden, dürfen sie einen Muggelstein darauf legen. Das Kind, das zuerst die sechs Eierkarton-Mulden seines Monsterchens mit einem Muggelstein belegt hat, hat gewonnen und ruft laut „Monster-BINGO". Auch für andere Fächer (z. B. Fremdsprachenunterricht,

Wissensüberprüfung in Lernfächern, Rechtschreibkontrolle usw.) einsetzbar.

## ZÜNDHOLZSCHACHTELN

**Milchis**

**Milchzahn-Transport:** An der Zündholzschachtel wird eine Schnur angebracht, damit man sie um den Hals hängen kann. Wenn im Kindergarten oder in der Schule ein Kind einen Zahn verliert, wird er in Papier gewickelt in den Milchi gelegt, umgehängt und sicher nach Hause gebracht!

## KÄSESCHACHTELN

**Zappel-Kinder**

- **Klo-Ampel:** In vielen Grundschulen gibt es sogenannte „Klo-Ampeln", die den Kindern aufzeigen, ob bereits ein Kind die Klasse verlassen hat, um das WC aufzusuchen. Dazu zwei Käseschachtel-Kinder (vielleicht ein Mädchen für das Mädchen-WC und einen Jungen für das Jungen-WC) basteln. Auf der Käseschachtel vorne ein glückliches Gesicht (WC ist frei) und hinten ein trauriges Gesicht (WC ist leider besetzt) anbringen! Dabei auf die 3D-Nase verzichten, da diese sonst später an der Wand zerquetscht wird!
  Die beiden Käseschachtel-Kinder werden an der Klassentür aufgehängt. Immer wenn ein Kind die Klasse verlässt, um aufs Klo zu gehen, dreht es die entsprechende Ampel um. Sobald es zurückkommt, wird diese wiederum umgedreht, sodass das glückliche Gesicht (WC ist frei) zu sehen ist!
- **Klassen-Jobs:** Jedes Kind der Klasse bastelt sich selbst als Käseschachtel-Kind. An einer Pinnwand werden Schildchen mit den Klassen-Jobs aufgehängt. Immer wenn die Jobs neu vergeben werden, wird das entsprechende Kind mit einer Pinnnadel unter den Job gehängt. So ist ersichtlich, wer was macht! Tipp: an den Käseschachteln-Kindern zusätzlich die Namen der Kinder anbringen!

## PAPIERTÜTEN

**Monster-Handpuppen**

**Das Monster sagt**: Das Spiel „Simon sagt ..." kann auch in das Spiel „Das Monster sagt ..." umgewandelt werden. Die pädagogische Fachkraft zieht die Monster-Handpuppe an. Die Kinder dürfen nur die Aktionen durchführen, vor denen der Spielleiter den Begleitsatz „Das Monster sagt ..." sagt. Wenn ein Kind eine Handlung ausführt, obwohl das Monster sie nicht angefordert hat, scheidet es aus. (Beispiel: Die pädagogische Fachkraft sagt: „Das Monster sagt: Hände auf den Kopf!" Alle Kinder legen die Hände auf den Kopf. Die pädagogische Fachkraft fährt fort: „Linke Hand auf den Bauch!" Die Kinder, die die linke Hand auf den Bauch legen, scheiden aus, da dies nicht das Monster angefordert hat!) Es wird so lange gespielt, bis nur ein Kind übrig ist.

**Meerestiere**

- **Ferien-Countdown**: Wie beschrieben, kann an den Meerestieren ein Countdown bis zu den Ferien angebracht werden. Wer an der Schnur keine Süßigkeiten anbringen möchte, könnte dort auch von den Kindern selbst geschriebene Gedichte, Komplimente, Zeichnungen usw. anbringen. Wenn in der Klasse z. B. 16 Kinder sind, bietet es sich an, 16 „Sachen" an der Schnur anzubringen. An jedem Tag wird eine „Sache" heruntergenommen.
- **Meerestiere-Recherche:** Den Kindern werden unterschiedliche Meerestiere zugeordnet. Diese schauen sie sich im Internet an, erstellen einen kurzen Steckbrief (diesen am besten schon mal vorbereiten) und probieren, die Tiere so gut wie möglich nachzubasteln. Der Steckbrief

wird an der Rückseite des entsprechenden Tieres befestigt, bevor man alle Tiere im Raum aufhängt. Die Kinder betreten das Meerestier-Museum, betrachten die Tiere und lesen die Informationen. Anschließend können Fragen gestellt werden (z. B. Wo hängt der Clown-Fisch? Was könnt ihr mir zu ihm berichten?)

### Zieh-Karten

**Muttertag und Vatertag**: Die Kinder gestalten ihre Mamis und Papis auf Papiertüten und überlegen sich, wo gezogen werden muss, um das Geschriebene zu sehen. Vielleicht an einem Sommerhut, an einer frechen Baseball-Kappe, an einer stylischen Halskette, einer eleganten Krawatte oder doch am gesamten Körper? Zum Basteln können bunte Papiertüten mit Papierstückchen in Hautfarben überklebt werden.

### Schleifen

**Zirkusprojekte:** Immer wieder gibt es in Kindergärten und Schulen Zirkusprojekte. Kinder verbinden damit meist lustige Clowns, atemberaubende Kostüme, viel Farbe! Da in Kindergärten und Schulen oft keine Kostüme vorhanden sind, kann man sie durch Schleifen ersetzen, die die Kinder für das Zirkusprojekt basteln. Auch eine eventuelle Zirkusvorführung am Ende des Projektes erscheint so viel ... zirkushafter!

## ZEITUNGEN

### Papierhüte und Kopfschmuck

**Rollenspiele**: Die Kopfbänder eignen sich hervorragend, den Kindern bei Rollenspielen gewisse Rollen zuzuweisen! Es braucht dafür nicht immer großartige Kostüme! Manchmal genügen Kopfbänder, damit sich die Kinder mit ihrer Rolle identifizieren können und die Sketche eindeutiger werden! Einfach für die Rollen ein passendes Kopfband basteln, den Kindern um den Kopf legen und mit der Büroklammer fixieren! Auch beim Singen von Liedern kann man die Kinder mit den Kopfbändern in unterschiedliche Gruppen einteilen, um ein Lied in Strophen vorzutragen ...

## KAFFEEFILTER

### Handpuppen

- **Praktische 5-Minuten-Bastelidee:** Oft sind einige Kinder bei der Kunst-Stunde früher fertig als andere. Für sie sind diese Handpuppen geeignet: Nur wenige Materialien (Kaffeefilter und Papier) sind nötig, die Bastelidee ist kurz und einfach und die Kinder können ihre individuellen Ideen umsetzen – ganz spontan!
- **Maskottchen:** Die Handpuppen eignen sich als Maskottchen und Ritual-Figuren für Kindergarten und Schule! Beispielsweise könnte eine Kaffeefilter-Maus als Bilderbuch-Maus im Kindergarten eingeführt werden. Immer wenn die Bilderbuch-Maus auftaucht, wissen die Kinder, dass eine Geschichte vorgelesen wird und setzen sich im Kreis.
  In der Schule könnte eine Handpuppe speziell für das Kopfrechnen, das Einführen von neuen Vokabeln, für das Untersuchen der Texte auf Rechtschreibfehler, bestimmte Spiele ... eingesetzt werden.
- **Figuren nachbasteln:** Die Figuren, die in einer Geschichte vorkommen, werden nachgebastelt und zum Nachspielen der Geschichte verwendet! Auch selbstgeschriebene Geschichten lassen sich so den Mitschülern und Mitschülerinnen auf anschauliche Art und Weise präsentieren.
- **Frau Schnell und Herr Langsam:** Eine Frau und ein Mann werden als Handpuppen gebastelt und den Kindern als Frau Schnell und Herr Langsam vorgestellt. Wie die Namen bereits verraten, macht Frau Schnell alles übertrieben

schnell und Herr Langsam alles übertrieben langsam! Ein Tagesablauf (aufstehen, Zähne putzen, frühstücken, zur Arbeit fahren ...) kann zum Beispiel auf verschiedenen Bildkarten dargestellt werden und den Kindern als Mitmachgeschichte präsentiert werden! Alle Tätigkeiten führen die Kinder als Frau Schnell super schnell und in der zweiten Runde als Herr Langsam in Zeitlupe aus! Lachen ist vorprogrammiert!

### Herbstmobile

- **Raumdekoration**: Die Herbstmobile machen sich gut als Fensterschmuck. Den Eingangsbereichen von Kindergärten und Grundschulen, aber natürlich auch den Wohnungen zu Hause, verleihen sie einen herbstlichen Akzent.
- **Herbstgedichte:** Die Kinder können Elfchen, Akrostichons, Treppengedichte, Haikus usw. verfassen und ans Herbstmobile hängen. Die Mobiles werden von den einzelnen Kindern präsentiert oder in einem „Museum“ (Werke werden in einem Raum aufgehängt, die Kinder schleichen herum, betrachten die gebastelten Mobiles und lesen sich die Gedichte durch) aufgehängt. Dann folgt eine Reflexionsrunde.

### Rentier

**Rentier-Adventskalender:** In einer Kindergruppe (z. B. Kindergarten, Grundschule ...) werden insgesamt 24 Aufhänge-Rentiere gebastelt. Alle Kinder werden zudem aufgefordert, einem Kind oder mehreren (je nach Gruppengröße) eine nette Botschaft (ein Kompliment, einen Wunsch, einen Dank ...) zu schreiben oder zu zeichnen. Am Ende packt man je ein Rentier und eine Zeichnung/ein Briefchen in Zeitungspapier. Alle Päckchen landen in einem Korb. An jedem Tag im Advent wird ein Päckchen geöffnet, die Zeichnung/das Briefchen gezeigt/vorgelesen, dem Empfänger überreicht und das Rentier an eine Schnur gehängt.

## BUCHSEITEN

### Minicollagen

- **Hefteinband**: Hefte mit braunem Packpapier einbinden, Minicollagen erstellen und kreuz und quer über das eingebundene Heft kleben. Den Kindern kann man auch ein bestimmtes Thema (z. B. Blumen, Kreise oder Himmel) vorgeben. Einzelheiten können mit einem schwarzen Filzstift ausgearbeitet werden. Auch mit Buntpapier kann man Akzente setzen.
- **Gemeinschaftscollagen**: In Partnerarbeit, Kleingruppen oder gemeinsam mit allen Kindern der Klasse können größere und zusammenhängende Collagen erstellt werden. Vielleicht erstellt jedes Kind sein Lieblingstier mit der Reißtechnik? Danach werden alle Tiere auf einem Plakat gesammelt und als Türschild auf die Klassenraumtür gehängt.

### Briefumschläge

- **Briefe an das Maskottchen**: Oft gibt es in Schulklassen Maskottchen! Warum nicht als Schreibimpuls „Briefe an das Maskottchen“ einführen! In der Klasse wird ein Postfach eingerichtet, die Kinder können ihre Briefe (natürlich in ihren selbst gemachten Briefumschlägen verpackt) dort einwerfen und erhalten möglicherweise sogar Antworten auf ihre Briefe! Für solche Aktionen könnten Kinder auch ihre eigenen Briefmarken entwerfen und aufkleben.
- **Brief an sich selbst:** Am Schulanfang bastelt jedes Kind seinen eigenen Briefumschlag und schreibt anschließend einen Brief an sich selbst. Drinnen kann stehen, auf was man sich freut, was einem Angst macht, was man im Sommer gemacht hat usw.
  Die Briefe werden in die Briefumschläge gesteckt, verschlossen und von der Lehrperson aufbewahrt. Zu Schulende erhalten alle Kinder ihren eigenen Brief ...

### Notizheftchen

**Kinder lieben Büchlein**! Warum nicht das nächste Mal die Kindergarten-Kinder in ihrem eigenen Malbüchlein zeichnen lassen? In der Grundschule könnten die Kinder die nächste Geschichte ja in ihrem individuell gestalteten Büchlein schreiben und mit Zeichnungen festhalten.

## MAGAZINE

### Collagentiere

**Hefteinbände gestalten:** Schulhefte mit braunem oder weißem Packpapier einbinden und kunterbunte Tiere aus Reißstückchen aufkleben.

### Karomuster

- **Hefteinband:** Mit der soeben beschriebenen Technik können Schulhefte auf originelle Art und Weise eingebunden werden!
- **Ich-Zeichnung**: Ein weißes Blatt wird mit den Quadraten überklebt. Anschließend zeichnen sich die Kinder auf einem anderen Blatt. Die Ich-Zeichnung wird ausgeschnitten und aufs Karomuster geklebt. Es bietet sich an, die Zeichnung nur mit einem schwarzen Stift anzufertigen und nicht anzumalen.

## BLUMENTÖPFE

### Schultüten

**Minitüten für den ersten Tag:** Warum nicht kleine Schultüten für die Kinder der eigenen Klasse basteln und mit einigen (vielleicht selbst gebastelten) Kleinigkeiten füllen? Auch ein kurzer, persönlicher Brief passt hinein.

### Adventskalender

**Gemeinschafts-Adventskalender:** Für die Kindergarten-Gruppe oder die Klasse wird ein Adventskalender gebastelt und gefüllt (z. B. mit Briefchen, die die Kinder sich gegenseitig schreiben; kleinen Gutscheinen (heute Extra-Vorlesen, etwas Weihnachtliches basteln, kurze Meditation, Bilderbuch-Kino ...)

## WOLLE

### Erzählstab

- **Buchstabieren:** Der Erzählstab lässt sich auch beim Buchstabieren von Wörtern einsetzen. Die Kinder sitzen im Kreis. Eine Bildkarte mit einer bestimmten Abbildung (z. B. Haus) wird in die Kreismitte gelegt. Ein Kind erhält den Erzählstab und sagt den ersten Buchstaben (**H**). Dann gibt er seinem Sitznachbaren den Stab weiter und dieser nennt den zweiten Buchstaben (**A**) usw.
- **Interviewrunde:** Alle Kinder sitzen im Kreis. Ein Kind hat den Erzählstab in der Hand und überlegt sich eine Frage, die es einem anderen Kind stellen möchte. Etwa: „Was möchtest du mal werden?" Das Kind stellt die Frage, erhebt sich, geht zum ausgesuchten Kind und gibt diesem den Erzählstab. Dieses antwortet und überlegt sich eine Frage, die es einem anderen Kind stellen möchte und immer so fort.

### Wollmonster

- **Ich brauch dich – Monsterchen:** Wenn die Kinder bei der Freiarbeit sind und Hilfe brauchen, wackeln sie vorsichtig und kurz mit ihrem Monsterchen. Sobald das die Lehrperson sieht, nickt sie dem Kind zu. Sobald die Lehrperson frei ist, geht sie zu diesem Kind und gibt ihm die benötigten Hilfestellungen.
  So wird die Freiarbeit nicht immer mit Herausrufen, Hände ungeduldig aufhalten usw. gestört.
- **„Alles wird wieder gut" – Monsterchen:** Bei Kindern gibt es oft riiiiiesige Krokodils-Tränen! Immer, wenn ein Kind weint und sehr traurig ist, kommt das Wollmonsterchen und leistet diesem Kind Gesellschaft, bis es wieder lacht.

- **Jaaaaaaa – Monsterchen:** Jedes Kind hat sein Monsterchen auf dem Finger und schließt die Augen. Verschiedene Fragen zu einem bestimmten Thema, wie z. B. „Ist das Wort „grün" ein Adjektiv?" werden gestellt. Die Kinder überlegen, ob die Frage mit „ja" oder „nein" zu beantwortet ist. Nur bei der Antwort „ja" wackeln sie mit ihrem Monsterchen, bei „nein" rührt es sich nicht.

#### Weihnachtsbaumschmuck

- **Adventskalender-Füllung**: In der Kindergruppe werden Weihnachtsbaum-Dekorationen mit der beschriebenen Technik hergestellt und insgesamt 24 Tüten damit gefüllt. Jeden Tag wird eine Tüte geöffnet und der Weihnachtsbaum-Schmuck, der darin steckt, auf den gemeinsamen Weihnachtsbaum gehängt. Das Ritual kann mit weihnachtlicher Musik, brennenden Kerzen am Adventskranz und einer weihnachtlichen Duftlampe abgerundet werden. Zum Schluss darf jedes Kind seinen eigenen Schmuck nach Hause nehmen.

### KORKEN

#### Blumenstecker

- **Basteltüte verschenken:** Oft möchte man seiner Kindergruppe etwas schenken, weiß aber einfach nicht was. Wie wäre es die Schmetterlings-Bastelanleitung mit den nötigen Materialien für jedes Kind in eine Papiertüte zu geben und ihnen diese zu schenken?
- **Frühlingshafte Dekoration – Schmetterlings-Baum:** Ein Ast wird in eine Vase oder einen großen Blumentopf gesteckt. Die von den Kindern gebastelten kunterbunten Schmetterlinge oder kleine Blüten hängt man daran auf.

#### Sorgen-Trolle

**Erzähl-Trolle:** Die Korken-Püppchen können wie Erzählsteine genutzt werden: Sie werden im Kreis herumgegeben und immer nur das Kind, das es in den Händen hält, darf sprechen. Die anderen Kinder hören aufmerksam zu.

### MARMELADENGLÄSER

#### Glasgeschichten

- **Geschichten erzählen:** Jedes Kind bastelt sein eigenes Geschichtenglas. Am oberen Rand kann „Es war einmal ..." oder ein beliebiger Geschichtenanfang stehen. Ist das Glas fertig, machen sich die Kinder ans Geschichten-Erfinden, entweder schriftlich oder mündlich. Im Sitzkreis präsentieren sie die Geschichtengläser und erzählen oder lesen ihre Geschichte vor.
- **Gemeinsam Geschichten erzählen:** Jedes Kind bastelt ein Geschichtenglas. Im Sitzkreis wird ein Geschichtenglas ausgewählt. Der Besitzer darf mit dem Erzählen beginnen. Nachdem er ein oder zwei Sätze gesagt hat, gibt er das Glas weiter. Das nächste Kind muss bei seiner Erzählung ansetzen und sie weiterspinnen. Nach einigen Sätze wird das Glas wieder weitergegeben und so fort. Mit der Übung können unterschiedliche Satzanfänge (nicht immer DANN, DANN, DANN) geübt werden. Die Kinder lernen, dass es einen roten Faden braucht und dass die Sätze aufeinander aufbauen.

### Ich-Glas

- **Das bin ich – Zum Kennenlernen:** Jedes Kind bastelt sich selbst als Glas und nimmt es dann mit nach Hause. Zu Hause werden einige kleine Gegenstände (oder Fotos davon) in das Glas gegeben, die dem Kind wichtig sind. In der Schule öffnen die Kinder im Sitzkreis nach und nach ihre Ich-Gläser und stellen sich so vor.
- **Sommerglas:** Jedes Kind hat über den Sommer die Aufgabe, immer wieder etwas Wichtiges (z. B. Schwimmbad-Eintrittskarte, Muschel, Freundschaftsband, Münze von einem anderen Land ...) in seinem Ich-Glas zu sammeln. Beim Schulanfang fällt es den Kindern dann leichter, über ihre Sommer-Erlebnisse zu berichten.
- **Warme Dusche mal anders**: Alle Kinder sitzen im Kreis. Jedes Kind ist mit kleinen Zettelchen und Schreibzeug ausgerüstet. Die Ich-Gläser der Kinder werden herumgereicht. Immer wenn ein Kind ein bestimmtes Ich-Glas erhält, schaut es nach, um welches Kind es sich handelt. Dann überlegt es, was genau es diesem Kind schreiben möchte: ein Kompliment, ein Wunsch, ein Dank, eine Beobachtung usw. Das schreibt es auf den Zettel und steckt ihn zusammengefaltet ins Ich-Glas, das es weiterreicht. Sobald am Ende wieder jedes Kind sein Ich-Glas hat, ist dieses mit lieben Gedanken der Klassenkameraden und Klassenkameradinnen gefüllt.

## HOLZKLAMMERN

### Fotoschnur

**Stundenplan:** Für jede Schulstunde wird genau eine Holzklammer gestaltet! Alle Holzklammern werden mit einer Zahl von 1 bis ... (je nach der Anzahl der Stunden pro Tag) versehen, bevor man sie an einer Schnur aufhängt! Jeden Morgen hat ein Kind die Aufgabe, Schilder mit den Fächern des jeweiligen Tages in den entsprechenden Holzklammern einzuklemmen (z. B. Deutsch haben wir in der ersten Stunde, also kommt das Deutsch-Schildchen in die Holzklammer mit der 1 usw.) Nach jeder Stunde wird das Schildchen entfernt. So haben die Kinder einen guten Überblick über ihren Schultag!

# FILMSTREIFEN

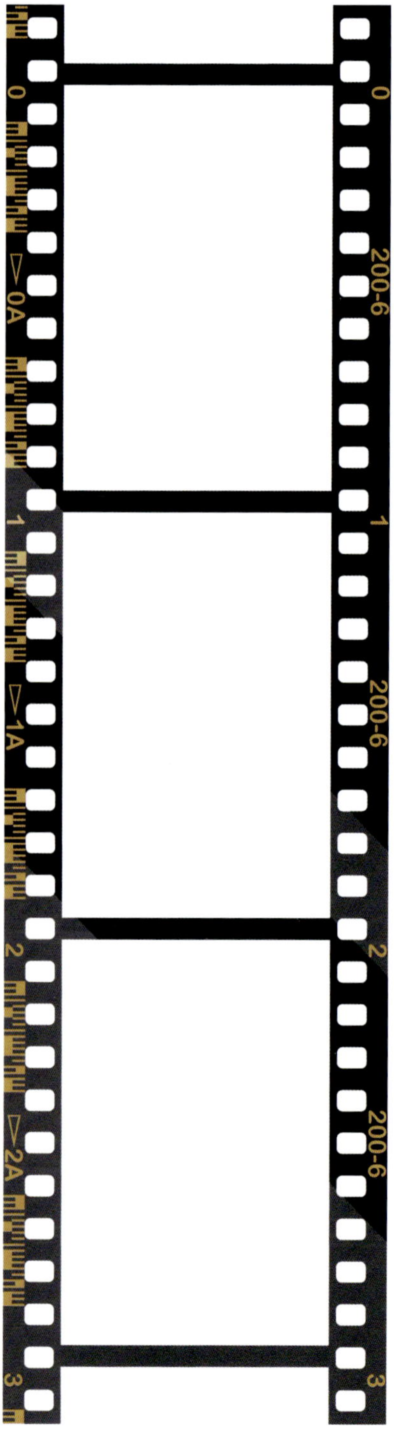

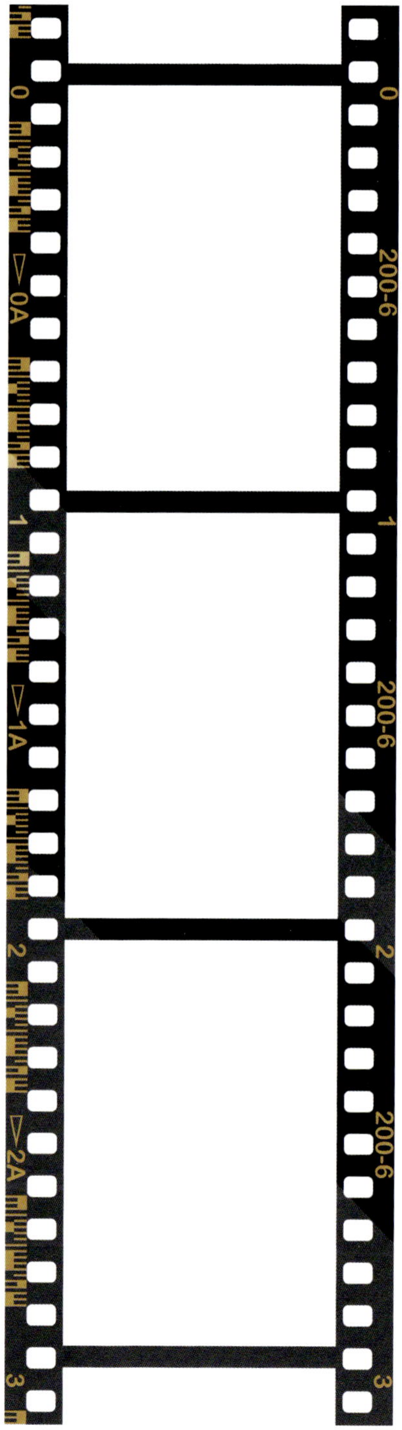

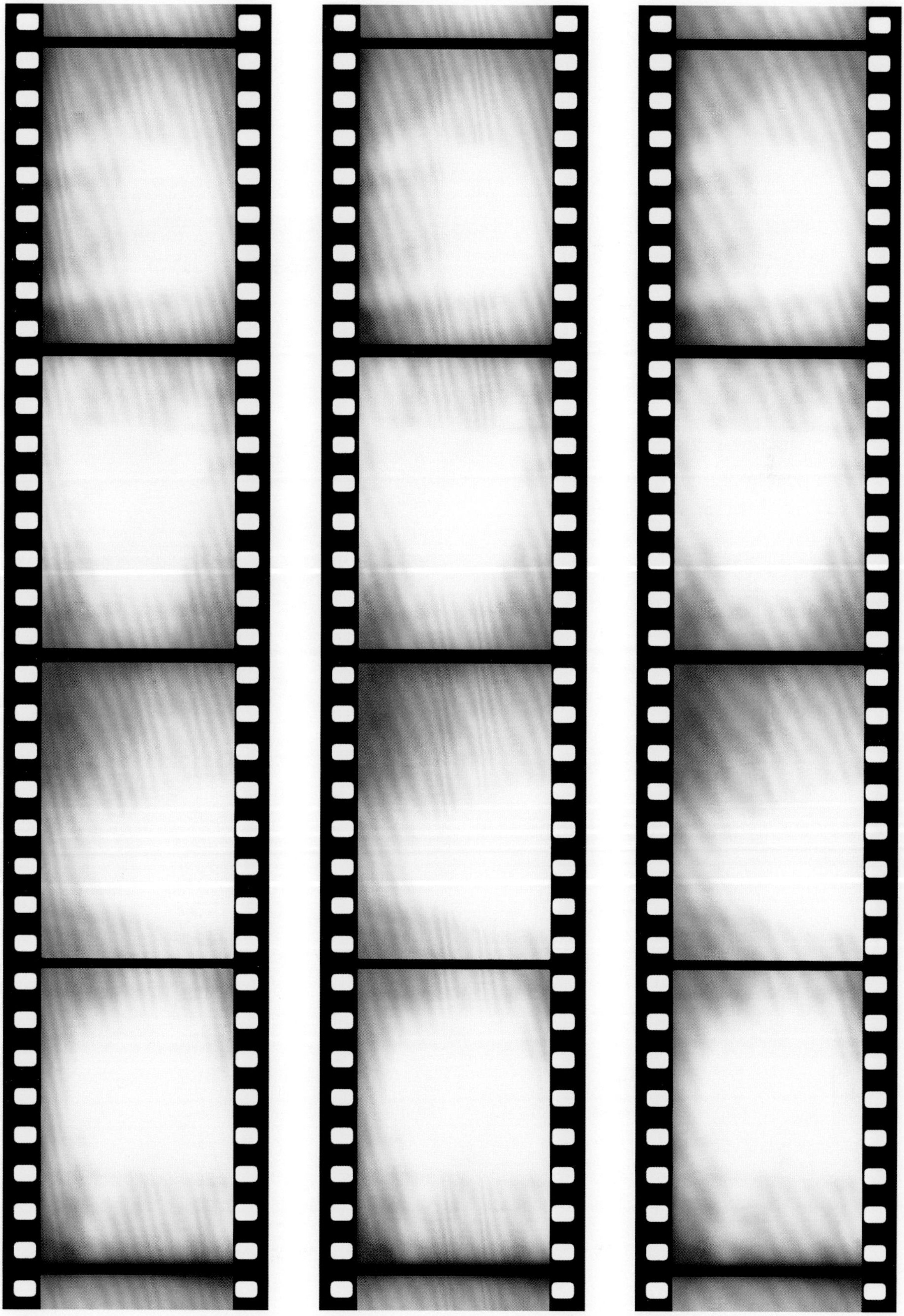

# DANKSAGUNG

Als Allererstes möchte ich dem Verlag allgemein für das Vertrauen und die gute Zusammenarbeit danken!

Ganz ein besonderer Dank geht an Svenja, meine Produktmanagerin! Ich habe mich immer sehr gefreut, sobald „Eine neue E-Mail von Svenja" auf meinem Display aufschien! :-) Danke, dass wir so gut zusammengearbeitet haben und du dir bei allem so große Mühe gegeben hast! Danke, dass ich so aktiv in die Entwicklung dieses Buch eingebunden wurde und meinen „Senf" dazu geben durfte!

Danke auch an Lena Schmid, die Layouterin, die das Buch so ansprechend gestaltet hat! Es hat mich sehr gefreut, dass auf meine Wünsche und Anregungen bestmöglich eingegangen wurde!

Danke an unseren Nachbarn Franz, der mir in Sachen Fotografie ausgezeichnet weiterhelfen konnte! Vielen Dank!

Ein riesengroßer Dank an meine Eltern Christina und Josef! Danke, Mama, dass du alle Texte mit mir durchgelesen und korrigiert hast! Du findest einfach immer den richtigen Ausdruck und siehst Fehler, die mir oft nicht auffallen! Danke, Papa, dass du mir stets mit Rat und Tat beigestanden bist! Danke an euch beide für die Tipps und Feedbacks! Danke, dass ihr mich immer unterstützt und euch mit mir freut!

Judith Watschinger

Zum Schluss noch ein ganz besonderes Dankeschön an meinen Freund Fabio, der von Anfang an bei der Entstehung und Entwicklung dieses Buches dabei war! Danke, Fabio, dass du mich immer unterstützt und motiviert hast, wenn etwas nicht wie geplant klappte. Du hast mich mit deinen Ideen inspiriert, wenn mein Kopf „leer" war, du hast gemeinsam mit mir überlegt und geplant und mir auch immer wieder beim Basteln geholfen! Grazie mille Fabio! Senza di te non ce l'avrei fatta!

Danke an alle, die mich in irgendeiner Weise unterstützt haben!

# IMPRESSUM

Konzept, Text und Realisation: Judith Watschinger
Fotos: Judith Watschinger
Produktmanagement: Svenja Wiglinghaus
Lektorat: Sigrun Borstelmann
Korrektorat: Anna Maier
Umschlaggestaltung: Sophie Schillo
Layout: Lena Schmid, ISM Mediendesign
Repro: LUDWIG:media
Herstellung: Kathleen Baumann
Printed in Turkey by Elma Basim

★★★★★

Sind Sie mit diesem Titel zufrieden? Dann würden wir uns über Ihre Weiterempfehlung freuen. Erzählen Sie es im Freundeskreis, berichten Sie Ihrem Buchhändler oder bewerten Sie beim Onlinekauf. Und wenn Sie Kritik, Korrekturen oder Aktualisierungen haben, freuen wir uns über Ihre Nachricht an
Christophorus Verlag, Postfach 40 02 09,
D-80702 München oder per E-Mail an
lektorat@verlagshaus.de.

Unser komplettes Programm finden Sie unter
www.christophorus-verlag.de



Shutterstock:
S. 2–211: Nikolaeva, 309519221
S. 12–99: mypatc, 585510149
S. 102–149: AKorkmaz, 1292576515
S. 152–207: popular business, 158277008

Die Deutsche Nationalbibliothek verzeichnet diese Publikation in der Deutschen Nationalbibliografie; detaillierte bibliografische Daten sind im Internet über http://dnb.de abrufbar.

2. Auflage 2022

Infanteriestraße 11a
80797 München



ISBN 978-3-8411-0211-9

## Kreativ-Service

Sie haben Fragen zu den Büchern und Materialien? Frau Erika Noll ist für Sie da und berät Sie rund um alle Kreativthemen. Rufen Sie an! Wir interessieren uns auch für Ihre eigenen Ideen und Anregungen. Sie erreichen Frau Noll per E-Mail: kreativ-service@c-verlag.de oder Tel.: +49 (0) 89 - 13 06 99 - 577.

Besuchen Sie uns im Internet: www.christophorus-verlag.de & www.selbstgemacht.de

# Ebenfalls erhältlich ...

ISBN 978-3-8388-3770-3

ISBN 978-3-8388-3761-1

ISBN 978-3-8411-0208-9

ISBN 978-3-8388-3720-8